AF250062

MÉLANGES

POLITIQUES ET RELIGIEUX

Quand on raisonne on croit toujours avoir raison; c'est pourquoi j'ai réuni ces quelques lettres sur divers sujets, que j'ai adressées à diverses époques à quelques journaux français, supposant qu'elles contiennent quelques vérités.

V. SKRIPITZINN.

MÉLANGES

POLITIQUES ET RELIGIEUX

Monsieur le Directeur de l'*Union chrétienne*,

Depuis longtemps le parti ultramontain pousse des clameurs incessantes contre notre gouvernement, déversant sur lui les calomnies les plus odieuses, et l'accusation de tyrannie et de persécution à l'égard de l'Église romaine, parce que ce parti réclame pour son Église et son clergé, non-seulement en Russie, mais partout, la même suprématie et la même domina-

tion que celles dont ils jouissent à Rome;
et, pour le Pape, la même autorité suprême, exempte de tout contrôle, dont il
est investi dans ses États comme souverain et chef de son Église.

Maintenant que plusieurs journaux an-
noncent la prochaine nomination d'un
nonce en Russie, il faut s'attendre à voir,
bientôt après l'arrivée de ce prélat dans
ce pays, cesser ces plaintes mal fondées,
qui ne pourront pas soutenir la lumière
de la vérité que le nonce sera obligé de
reconnaître, sans pouvoir être soupçonné
de son parti.

Ce dignitaire s'assurera *de visu* à quel
point la liberté des cultes est tolérée dans
notre pays; il pourra admirer dans la capitale même la beauté des églises latines

et des autres confessions ; il acquerra la certitude que le clergé de son Église est rétribué à l'égal du clergé de l'Église dominante, pour ne pas dire plus ; que la loi du pays lui accorde la même protection qu'à tous les citoyens. D'un autre côté, il verra que notre gouvernement, en fait de tolérance, a déjà accordé tout ce qu'il a pu, et dans certains cas quelquefois même plus qu'il n'a dû ; et que, pour conserver les sympathies de la nation, il serait obligé, en cas de nouvelles prétentions de l'Église romaine, de répondre par le *non possumus* que le Pape répète depuis si longtemps, pour ne pas s'aliéner les sympathies de ses sujets. Le nonce pourra se convaincre sur les lieux que l'autorité spirituelle de l'Empereur sur notre Église n'est qu'un conte fait à plaisir, mais qu'il est le souverain tout-puissant, quant au temporel seulement, de tous ses sujets sans distinction, laïques comme ecclésiastiques, de quelque confession qu'ils soient. Si le nonce est bien renseigné, il verra que notre gouvernement est dans l'impossibilité d'accorder au clergé latin plus d'avantages et de liberté qu'il n'en accorde au clergé des autres confessions, surtout à celui de l'Église dominante dont l'Empereur est le protecteur obligé, le fils bien-aimé, et que Sa Majesté, à ces titres, ne saurait reconnaître, dans ses États, au Pape plus de pouvoir sur son clergé et sur ses ouailles qu'il n'en reconnaît au *Saint-Synode* sur ceux de notre Église *catholique d'Orient* dominante en Russie ; parce que notre gouvernement ne pourrait, sans se condamner lui-même, se mettre, en quoi que ce soit, au-dessus du *Saint-Synode*, qui a légalement hérité de l'autorité des patriarches en Russie ; il est donc évident que, dans ce sens, avec toute la tolérance possible, il ne peut traiter le *Pape* qu'à l'égal du *Saint-Synode ;* et il ne faut pas perdre de vue que c'est de notre Église que nos souverains reçoivent le sacre, qui, aux yeux de la nation, sanctifie leur autorité suprême dans le pays et par là même leur impose des devoirs sacrés envers elle, devoirs auxquels Alexandre II ne saurait plus faillir que tous ses augustes prédécesseurs.

Si le nonce a le talent d'étudier le

clergé de notre Église et les convictions
intimes du peuple russe, il verra que la

longanimité du premier a ses limites,
comme le dévouement des Russes pour
leur Église n'en a pas.

Pour prévenir les espérances erronées
que la nomination du nonce pourrait faire
naître dans le parti ultramontain et peut-
être dans le nonce lui-même, pour dissiper leurs illusions et les faire entrer dans
le domaine de la réalité, ne trouverez-
vous pas bon, monsieur, d'insérer cette
lettre dans l'*Union chrétienne*, qui a déjà
tant fait pour le triomphe de la vérité?

Agréez, etc.

Nice, 7 février 1862.

Monsieur le Directeur du *Nord*,

Sous le règne de l'impératrice Catherine II en Russie, presque toutes les terres de l'empire, à l'exclusion des biens domaniaux, appartenaient à la noblesse, parce qu'elle seule avait le droit de posséder les serfs qui les habitaient ; aussi la grande souveraine, voulant mieux sauvegarder les intérêts des particuliers, octroya à la noblesse le droit d'élire les fonctionnaires de la police et les juges dans chaque district, ainsi que d'autres fonctionnaires supérieurs. Bien plus tard, ce droit fut encore étendu. On autorisa également l'élection des présidents des chambres civiles et criminelles dans chaque province; mais en même temps le droit de vote fut restreint aux membres de la noblesse qui possédaient au moins cent paysans serfs. Quant à ceux qui en possédaient un moindre nombre, ils furent autorisés à réunir le nombre des serfs qu'ils possédaient, jusqu'à la concurrence du chiffre susmentionné, pour former une voix collective aux élections, et dès lors, ce chiffre devint le cens électoral.

Maintenant que, grâce à l'empereur Alexandre, il n'y a plus de serfs dans notre pays, la noblesse a immédiatement compris que le droit de vote ne pouvait plus reposer sur le nombre de serfs qu'on possédait autrefois, puisque, après leur affranchissement, cette loi, n'ayant plus de base, n'aurait plus de sens. C'est pourquoi elle demande, ainsi que le confirment plusieurs correspondants, que ce droit soit affecté à la propriété territoriale. Il n'y a assurément rien de plus juste et de plus facile à faire. Il n'y a qu'à fixer le minimum du nombre des *dessiatines* de terre qu'il faut posséder pour avoir droit de vote, en conservant aux petits propriétaires le droit existant de réunir leurs portions territoriales jusqu'à concurrence du chiffre fixé de dessiatines, pour acquérir, comme cela se faisait jusqu'à présent, une voix collective aux élections; seulement on ne pourra plus limiter ce droit à la classe nobiliaire, il faudra qu'il embrasse tous les propriétaires territoriaux sans distinction, vu que tous ceux qui ont des inté-

1.

rêts parfaitement identiques à protéger
doivent avoir aussi des droits identiques à les représenter. Cela est d'autant plus indispensable que, depuis l'origine de la loi sur les élections, il s'est
formé en Russie tant de propriétaires
territoriaux qui n'appartiennent pas à la
noblesse, que, pour ne pas leur accorder
le droit de prendre part aux élections de
cette dernière, il faudrait établir pour eux
des polices, des tribunaux et des juges
spéciaux dans toutes les provinces et
dans tous les districts de l'empire, puisqu'on ne saurait exiger d'eux qu'ils confient
leurs intérêts à d'autres propriétaires,
leurs voisins, mais d'une autre condition
que la leur, et cela sans avoir le droit de
prendre aucune part à la protection de

leur avoir. L'une et l'autre combinaison sont évidemment impossibles. C'est pourquoi il faut s'attendre à ce que tous les propriétaires territoriaux reçoivent les mêmes droits en commun.

Indépendamment de ces considérations, qui prouvent que la question précitée peut être facilement résolue en toute justice sans léser les intérêts de personne, il se trouve que, dans les vœux formulés par la noblesse à ce sujet, il y a une lacune, qu'elle n'était peut-être pas en droit de combler, mais qui mérite de fixer l'attention sérieuse du législateur : tant que le servage a existé en Russie, les serfs n'ayant aucune liberté, aucune propriété légalement reconnue, étaient cependant, comme hommes, confiés par la loi à

la protection de leur seigneur ; par
conséquent, ces derniers représentaient
alors aux élections, non - seulement les
intérêts de leur propriété, mais aussi
les intérêts humanitaires de leurs serfs.
Ces intérêts, d'après la loi, étaient soumis, dans les cas de moindre gravité, à
l'administration et aux enquêtes de la
police, ainsi qu'aux jugements des tribunaux, composés de membres élus par les
seigneurs, qui, à cette époque, ab-
straction faite des nobles sentiments qui
pouvaient les animer, trouvaient évidemment leur intérêt à ce que leurs paysans
ne fussent ni vexés par les agents de la
police, ni injustement condamnés par les
tribunaux, et choisissaient, en conséquence, leurs mandataires. Maintenant

que les paysans sont libres, que les seigneurs ne sont plus obligés d'être leurs protecteurs, et que, leurs intérêts étant distincts, rien ne les y porte, serait-il juste de laisser des millions d'hommes, à peine sortis des langes du servage, sans aucun droit de se faire représenter, ne fût-ce que par les délégués de leur commune, là où l'on doit nommer pour eux juges et police, et tolérer que cette élection continue à se faire par une classe dont les intérêts n'ont plus rien de commun avec les leurs, et dont les dispositions, dans certaines localités de l'empire, leur sont malheureusement hostiles pour bien des causes, quelquefois même politiques?

C'est une grande question, monsieur,

qui, par sa gravité, a besoin d'être mûre-
ment étudiée, mais qui, dès aujourd'hui,
ne doit pas être perdue de vue par la loi,
pour le bien-être d'une nombreuse population et même pour la garantie future du
pays, qui, un jour, pourrait payer cher cette
injustice, si elle était commise, surtout
dans les provinces où les paysans sont
Russes et la noblesse hostile à la Russie.

Agréez, etc.

Nice, 9 février 1862.

—

Nice, 11 mars 1862.

Monsieur le Directeur du *Nord*,

Le mémorable acte de l'abolition du
servage en Russie accorde aux propriétaires un délai pendant lequel ils sont

autorisés à s'entendre de gré à gré avec leurs paysans émancipés, aux conditions arrêtées par la loi pour tout l'empire, conditions qui garantissent les intérêts des paysans; et, sur ces bases, les propriétaires sont libres de rédiger des chartes, qu'ils peuvent soumettre eux-mêmes au gouvernement.

Cette sage mesure avait certainement pour but principal de faciliter l'application définitive de l'émancipation proclamée; mais, d'un autre côté, elle peut permettre à un observateur impartial de préciser la mesure des sentiments libéraux de la noblesse, qui, pendant le délai susmentionné, peut contribuer à l'abolition effective du servage.

Les nouvelles officielles reçues de toute

part, et publiées dans la *Poste du Nord*,
prouvent que l'espoir du gouvernement n'a
pas été trompé, que l'entente entre les propriétaires et leurs ci-devant serfs s'établit,
comme le témoigne le grand nombre
de chartes, déjà présentées dans chaque
province à la date du 30 janvier. De ces
données, il résulte que, dans toutes les
provinces du centre de l'empire, le nombre
de ces chartes varie de 106 à 468, et qu'à
mesure qu'on s'en éloigne, vers les frontières de la Sibérie et de l'Asie (où il y a
moins de propriétaires et peut-être moins
de civilisation), le chiffre diminue petit à
petit, mais il n'y en a pas une seule où
ce mouvement libéral ne se montre plus
ou moins. Incontestablement, c'est un
spectacle consolant ; mais, dans ces chif-

fres, dont l'authenticité et l'éloquence ne sauraient être contestées, il se manifeste quelque chose qui mérite de fixer l'attention publique; c'est que, dans les provinces de l'Ouest, qui s'avancent le plus vers l'Europe occidentale, où il doit donc y avoir plus de lumières, où presque toute la noblesse est polonaise, par conséquent civilisée et libérale, le chiffre desdites chartes tombe subitement et disparaît même complétement. Je cite des exemples : dans le gouvernement de *Vilna* il n'y en a que 13, dans celui de *Podolie* que 9, dans celui de *Kiew* que 3, dans celui de *Kovno* que 1, dans celui de *Volhynie* 0, dans celui de *Grodno* 0, et dans celui de *Minsk* 0.

A quoi attribuer ce phénomène? Est-ce

que, par hasard, le libéralisme civilisé
tant prôné des Polonais et le despotisme
tant décrié des Russes ne sont qu'appa-
rents ? Est-ce que la presse, trompée par
ces apparences, nous aurait involontairement induits en erreur sur ce sujet ? Cela
peut bien être, parce qu'elle ne se croit
pas elle-même infaillible, et, en ce cas, je
suis persuadé que la presse impartiale me
saura gré de cette découverte, à moins
qu'on n'explique ce phénomène par d'autres causes, aussi positives et aussi con-
cluantes que les chiffres susmentionnés,
et non par des phrases. Je m'empresse de
vous communiquer ces notions, monsieur
le Directeur, dans l'espoir que vous trou-
verez bon de les mettre sous les yeux des
lecteurs de votre estimable journal.

Agréez, etc.

Monsieur le Directeur du *Nord*,

Je suis déjà vieux, et depuis mon enfance j'entends constamment parler d'émigrés politiques; j'ai vu pendant mon existence bien des changements, bien des événements, j'ai vu beaucoup de souverains se succéder en Europe; j'ai vu de bons et de mauvais gouvernements; j'en ai vu devenir bons de mauvais qu'ils étaient; j'ai vu des révolutions renverser des souverains qui ont fini par se relever; mais, au milieu de ces révolutions, contre-révolutions et restaurations, j'entends toujours parler d'émigrés politiques. La vitalité de cette catégorie d'hommes m'a suggéré les réflexions que je vous communique, espérant que vous voudrez bien insérer cette lettre dans les colonnes de votre estimable journal, ne fût-ce que pour attirer l'attention publique sur un sujet qui mérite d'être étudié.

La féodalité, expirant dans sa lutte avec la monarchie, laissa après elle l'aristocratie, que la monarchie non-seulement toléra, mais qu'elle protégea encore avec tous ses priviléges et tous ses abus, à condition qu'elle se dévouât à son service. A ce prix, elle permit à l'aristocratie de continuer à fouler le peuple à ses pieds, pourvu qu'elle-même rampât aux siens. L'aristocratie se prêta à cette transaction, confondit dans son sein l'orgueil avec la bassesse, et devint dès lors le magnifique piédestal de la monarchie, qui s'éleva à un tel point que, du sommet où elle était parvenue, elle perdit de vue le peuple, qui seul aurait pu lui être dévoué sans calcul et sans arrière-pensée. L'aristocratie seule se groupa au pied du trône, et tout cet échafaudage brillant et grandiose, pesant lourdement sur le peuple, l'abaissa au point qu'on finit par le confondre avec le sol et qu'on crut son abaissement aussi inébranlable que celui-ci. Cette organisation artificielle de la société dura si longtemps, qu'on arriva au point de croire qu'elle émanait de la volonté divine; ce qui fait qu'on perdit la faculté de concevoir un autre ordre de choses et que les États qui n'eurent jamais de féodalité, fondèrent chez eux une espèce d'aristocratie factice, pour s'organiser d'après ce même mode, qu'on

croyait parfait. Mais comme l'immobilité
n'est pas dans la nature, et comme ici bas,
il n'y a de limite ni pour le bien ni pour
le mal, le privilége, ne doutant plus de
sa sécurité, continua à ajouter tous les
jours de nouveaux abus à son édifice, qui
finit par être tellement surchargé qu'en
France le sol céda sous son poids; une
explosion terrible eut lieu, qui fit surgir
le peuple en faisant tomber cet échafaudage, dont les débris se dispersèrent de
tous côtés. Quelques-uns de ces débris vo-
lèrent au delà du pays, — c'étaient les
émigrés.

Alors on regarda partout cet événement comme une perturbation, terrible
mais passagère, d'une organisation qu'on
croyait parfaite et éternelle ; on l'assimi-

lait à une éruption momentanée, ou à la secousse d'un tremblement de terre ; c'est pourquoi, dans toutes les sociétés européennes, les émigrés furent accueillis avec sympathie comme de nobles et innocentes victimes. Partout on écoutait avec intérêt le récit de la catastrophe qui venait de les frapper, et partout on répondait avec confiance à l'appel qu'ils faisaient, au nom de la France, pour qu'on vînt les aider à réparer les dégâts que cette secousse y avait causés. La noble sympathie pour leur malheur, la confiance qu'on accordait à leurs paroles, étaient alors naturelles, parce que l'événement était si imprévu, si nouveau, et le peuple tellement oublié partout, qu'on ne se doutait pas encore que ceux qui émigraient

de leur pays et se séparaient volontairement de la majorité de leurs concitoyens,
cessaient d'être citoyens et n'avaient plus
le droit ni de représenter leur pays, ni de
parler en son nom. Ces émigrés restaient,
à la vérité, Français, mais ce n'étaient
que des Français d'un autre temps; ils
appartenaient à une époque et à un régime qui n'avaient plus rien de commun
avec l'époque et avec le régime nouveaux.
La preuve en est qu'en rentrant dans
leur patrie ils ne l'ont plus reconnue et
que beaucoup d'entre eux ont continué
jusqu'à présent à être, moralement du
moins, des émigrés, même au cœur de la
France, sous la dénomination de légiti-
mistes ou d'ultramontains.

Depuis cette terrible et mémorable époque, ce même mouvement, pour les mêmes causes, a continué à se manifester de temps à autre dans différents pays, mais chaque fois avec une violence moindre, parce que, n'étant plus nouveau, il rencontrait une résistance toujours plus faible, grâce aux idées de droit et de justice qui ont commencé à pénétrer toutes les sociétés. Malgré ce progrès, chacune de ces secousses produisait de nouveaux émigrés, qui, comme leurs devanciers, ont aussi la prétention de représenter leur pays et croient aussi avoir le droit de parler en son nom. Enfin, on est arrivé au point que les monarques les plus sages et les plus éclairés ont commencé à reconnaître eux-mêmes le danger et la fragilité du piédestal qu'on appelle le privilége, et sur

lequel leurs ancêtres ont élevé leur trône
si loin du peuple qu'ils ont perdu de vue
ce dernier et ne pouvaient plus même
l'entendre ; reconnaissant cette faute, quelques-uns des plus nobles souverains cherchent déjà à écarter eux-mêmes tout ce
qui les sépare du peuple et à descendre
petit à petit jusqu'à lui, voulant évidemment prévenir par ces réformes d'en haut
les révolutions qui viennent d'en bas
avec leur cortége désastreux... On ne saurait trop applaudir à cette tendance pleine
de justice, de grandeur, de prudence et
d'amour du bien public ; et on devait espérer que ce rapprochement des gouvernements avec tous les gouvernés sans distinction ne produirait plus d'émigrés. Mais
hélas ! il se trouve que cette espérance est

vaine et que, si le despotisme et l'abus du privilége ont produit leurs émigrés, l'abus des utopies libérales, souvent irréalisables, produit aussi les siens, témoin l'Italie, où l'on voit des émigrés du despotisme le plus stupide envoyer des brigands désoler leur pays, et, en même temps, des émigrés du libéralisme le plus outré lancer des proclamations incendiaires. Les uns et les autres le font au nom de l'amour de la patrie, et cela au moment où il s'y établit, pour le bien réel de l'immense majorité des Italiens, une monarchie éminemment nationale, libérale et toute dévouée au bien-être et à la grandeur du pays.

Ce triste spectacle mérite d'autant plus de fixer l'attention publique que mainte-

nant presque tous les pays et tous les principes, même les plus opposés, ont leurs
émigrés, qui tous prêchent en sens divers, mais tous au nom de leur patrie,
dont ils se sont séparés volontairement ou
involontairement et qu'ils ne connaissent
souvent plus. Entraînés par leurs convictions quelquefois fausses, ils oublient trop
qu'ils ne sont plus citoyens, mais hommes
de parti, par leur propre volonté ou par
l'effet d'un triste sort qui les a frappés; ce
qui fait que les premiers ne peuvent prétendre qu'à une certaine indulgence pour
leur défection et les seconds n'ont droit
qu'à l'intérêt de tous les nobles cœurs
pour leur malheur; mais ni les uns ni les
autres n'ont plus le droit de représenter
leur pays et de parler en son nom, encore

moins ont-ils le droit de s'enorgueillir de leur titre d'émigrés, parce que l'émigration n'est jamais un mérite, mais rien qu'un malheur. Aussi, tant que les émigrés conservent une attitude calme, digne et résignée, ils inspirent les égards qu'on doit à toute conviction profonde, on excuse même la vanité que quelquefois ils croient pouvoir tirer de leur position ; mais dès qu'ils veulent devenir actifs, ils s'exposent à perdre toutes les sympathies, parce qu'étant faibles par leur position, ils sont pour la plupart peu difficiles sur les moyens qu'ils emploient. Il y en a qui descendent, en pareil cas, jusqu'au mensonge et à la calomnie ; d'autres, moins scrupuleux encore, vont jusqu'à souffler la guerre civile avec tous ses malheurs

2.

dans le pays qu'ils veulent représenter,
tout en se tenant eux-mêmes à l'abri de
tout danger personnel, ce qui est incontestablement un crime et une lâcheté. Ce
qui contribue à les condamner, c'est que
toutes les fois que les gouvernements
commencent à prêter plus d'attention aux
vœux du peuple et à se rapprocher de lui
par des mesures plus ou moins libérales,
les émigrés commencent à se remuer
comme s'ils craignaient de perdre la position exceptionnelle qu'ils se sont faite ;
ne pouvant plus redevenir citoyens et ne
voulant pas reconnaître la vérité incontestable que, *pour être utile il faut être de
son temps*, ils cherchent par tous les moyens
possibles à entraver la bonne entente qui
pourrait s'établir entre les gouvernements
et les gouvernés.

Pour que l'ère des émigrés, ère triste et fatale dès son début jusqu'à nos jours, et qui n'a que trop duré, puisse enfin se clore, il est désirable que les gouvernements sages qui sont entrés dans la voie libérale cessent d'en faire cas et ne se laissent pas détourner, par leurs menées, du noble but vers lequel ils tendent ; car, dès qu'ils l'auront atteint, c'est-à-dire lorsque toute la société sans exception jouira d'une sage liberté et que les droits de tous les citoyens, sans distinction, seront garantis et inviolables, ce ne sera plus la loi qui condamnera les émigrés, mais l'opinion publique, qui saura elle-même exécuter sa sentence en les tuant par le ridicule et les ensevelissant dans l'oubli.

Agréez, monsieur, etc.

14 juillet 1862.

Monsieur le Directeur du *Nord*,

Permettez-moi de rectifier quelques erreurs qui se sont glissées par hasard dans la dernière des Lettres politiques sur la Russie, publiées par le *Nord*. Il y est dit entre autres choses *que l'œuvre de réorganisation de l'empereur Pierre Iᵉʳ aurait été impossible sans la création d'une église autonome affranchie des liens hiérarchiques qui la plaçaient sous la dépendance du synode de Constantinople.*

La vérité est que notre Eglise en a été affranchie par l'établissement légal d'un patriarche indépendant en Russie, non-seulement avant le règne de Pierre, mais même avant l'avénement de la maison des Romanoff au trône de Russie ; et depuis lors tous nos patriarches ont constamment maintenu l'unité de notre Eglise avec toute l'Eglise primitive d'Orient sans dépendre pour cela d'aucun des autres patriarches, avec lesquels ils ont toujours traité de frère à frère, c'est-à-dire d'égal à égal.

On voit donc par là que ce n'est pas en vue de l'autonomie de notre église et pour la rendre indépendante du synode de Constantinople, comme le prétend votre correspondant, que Pierre Ier a demandé, par sa lettre mémorable aux patriarches d'Orient, l'autorisation de remplacer le patriarche de Russie par un concile permanent sous la dénomination de Saint-Synode de l'empire. De plus, en créant ce synode, il a manifesté le désir de le voir jouir de tous les droits du patriarche qu'il devait remplacer, en se réservant pour lui-même le titre, non de chef, comme on feint de le croire en Occident, mais de fils très-soumis de notre sainte Église, titre qu'il s'est donné lui-même dans ce document important, trop souvent oublié. Cela prouve suffisamment que Pierre 1er n'a jamais eu la velléité inadmissible de devenir le chef de notre Église.

Ce n'est qu'après ce souverain, surtout sous le règne de l'impératrice Anne, que notre clergé fut humilié jusqu'aux dernières limites, mais non l'Église, qui, ne reconnaissant d'autre autorité suprême que celle de son divin fondateur, et ne briguant aucune autorité temporelle, se maintient toujours au-dessus de toute atteinte de l'ambition humaine, de quelque pouvoir terrestre qu'elle vienne. L'humiliation que le clergé a subie à cette triste époque fut causée principalement par l'influence toute-puissante d'un aventurier allemand, favori du moment, nommé *Biren*, qui craignait de rencontrer dans l'Église un frein à son omnipotence, et, ne pouvant l'atteindre, frappait sur le clergé ; en même temps, Biren, étant étranger à la nation, la détestait comme une force qui lui était hostile ; aussi n'a-t-il laissé après lui que le souvenir de ses forfaits et n'a-t-il emporté que les malédictions de la nation qu'il avait fait souffrir. Il est incontestable que les malheurs qu'a éprouvés notre clergé ont laissé sur son caractère de tristes traces qui, aux yeux des observateurs superficiels, ont pu jeter une teinte de servilisme même sur notre Église ; mais ces traces douloureuses qui se sont longtemps conservées, le bienfaisant et juste souverain que le pays a le bonheur de posséder actuellement, ne manquera certainement pas de les effacer en rendant lui-même à Dieu ce qui est à Dieu, comme notre clergé a toujours rendu à César ce qui est à César.

Plus loin, l'auteur de la lettre en question dit que la *Russie et la Grèce sont les seuls pays qui professent le culte oriental!* — Et les Serbes et les Moldaves? et les Valaques? et les Bulgares? et les Monténégrins? et le nombre infini de Slaves que l'Europe connaît sous diverses dénominations, et qui appartiennent tous à la même

Église que nous? Pourquoi ne les compte-
t-il pas parmi nos frères en religion? Serait-ce parce qu'ils ont des souverains ou
des suzerains catholiques romains ou
musulmans? Mais, à ce titre, il ne devrait
pas compter non plus la Grèce, dont l'ex-
roi appartenait à l'Église latine?

On voit beaucoup de ces différences de
religion entre les gouvernants et les gouvernés en Europe; mais ce n'est pas une
raison pour ne pas tenir compte de ces
derniers, qui ont certainement une valeur
intrinsèque qui les met au-dessus des
combinaisons politiques.

Recevez, etc.

21 janvier 1863.

Monsieur le Directeur du *Nord*,

Les journaux libéraux et cléricaux s'accordent pour assurer, en dépit de la vérité, que les provinces russes de l'ouest de l'empire, Kiew y compris, sont des provinces polonaises. Apparemment, c'est un des cas où les extrêmes ont avantage à se toucher, puisque la même assertion se trouve répétée encore, malgré toutes les preuves historiques du contraire, que votre journal et vos correspondants ont tant de fois données; bien qu'il soit notoire que les populations, à quelques exceptions près, n'y soient pas polonaises, bien que Kiew soit vénéré par toute la nation russe comme son ancienne capitale et comme le berceau de sa foi. Dans l'espérance

que ces publicistes se laisseront peut-être
convaincre par l'éloquence de quelques
chiffres statistiques, qui n'ont pas été
relevés en vue des événements actuels, et
qui portent en elles la preuve de l'unité,
non-seulement politique, mais morale, de
la Russie avec ces contrées, je m'empresse
de vous communiquer ces données. Il en
résulte que, dans le courant du mois de
janvier de l'année 1861, il est venu à
Kiew, de différentes contrées de la Russie,
et même d'Archangel, qui est sur la mer
Blanche, 1,198 pèlerins ; en février,
1,088 ; en mars, 2,067 ; en avril, 12,758 ;
en mai, 37,660 ; en juin, 19,068, —
soit, pour les premiers six mois de 1861,
73,834. Pour l'année entière, ce chiffre
est monté à 175,000 hommes.

Les pèlerins se renouvellent tous les ans, ils appartiennent en majeure partie à la classe du peuple, qui fait ces immenses trajets à pied, s'exposant aux intempéries et aux plus grandes privations; tout cela uniquement pour avoir le bonheur de faire, une fois dans leur vie, une fervente prière dans les antiques cathédrales orthodoxes et les catacombes de leur Kiew sacré.

Un sentiment pareil peut paraître entaché de barbarie à l'Occident civilisé, qui ne voit plus de pareilles manifestations, mais il prouve incontestablement la conviction et l'énergie d'un peuple qui étudie son histoire, non dans les livres, mais dans ses traditions et les monuments de sa foi, et qui puise la connaissance de

son droit, non dans les actes diplomatiques et les traités, mais dans les sentiments de justice qu'il porte dans son
cœur.

Qu'on aille donc faire accroire à ce
peuple que le pays en question n'est pas
à lui mais à la Pologne! et qu'on essaye
de le lui arracher !

Agréez, monsieur, etc.

12 janvier 1853.

—

Monsieur le Directeur du *Nord*,.

Je viens de lire dans le numéro 184 de
votre estimable journal, la lettre d'un
compatriote, qui nous donne pour exemple l'Autriche et le calme de la Gallicie.
Mais sont-ce effectivement les réformes

du gouvernement autrichien qui ont satis-
fait les Polonais de cette province, ou
sont-ce les souvenirs récents d'une jac-
querie terrible qui y maintiennent le
calme? Dans le premier cas, les Polonais
du royaume devraient aspirer à passer
sous la domination autrichienne, vœu
qu'ils n'ont pas encore exprimé, et dans
le second cas, il faudrait reprocher à notre gouvernement de n'avoir pas usé du
même moyen, ce qui lui serait plus facile
que de l'empêcher, parce que le peuple
souffre de la révolution sans vouloir y
prendre part.

L'auteur de la lettre explique l'animosité actuelle de l'Europe contre la Russie,
par l'incompatibilité du mode de notre
gouvernement avec celui des autres États.

C'est une définition très-ingénieuse, mais je ne crois pas qu'elle soit juste, car le gouvernement turc est certainement plus despotique, moins civilisé et plus barbare que le nôtre, et cependant il jouit de toutes les sympathies de l'Europe, qui fait la sourde oreille aux gémissements des chrétiens qui souffrent sous son joug, et dans le pays, réputé le plus libéral, cette même Turquie ne trouve que des excuses même à l'inqualifiable bombardement de Belgrade. Il faut donc chercher un autre mobile à la malveillance de l'Europe pour nous.

Ne serait-ce pas purement l'intérêt? Est-ce qu'elle ne protége pas la Turquie, avec toute sa barbarie, parce qu'elle trouve son avantage à son existence? Et

les clameurs de la presse européenne sont-
elles bien poussées pour la Pologne? N'est-
ce pas plutôt contre la Russie qu'elle suppose pouvoir devenir un jour dangereuse
pour l'Europe? N'est-ce pas parce qu'elle
cherche à entraver le développement de
ce pays qu'elle voudrait même démembrer, si elle le pouvait?

En finissant sa lettre, l'auteur condamne franchement le gouvernement au-
tocratique; donc il est pour le gouvernement représentatif, car tout autre n'est
pas possible dans un grand État. Je ne
me ferai certainement ni le panégyriste
du premier, ni le détracteur du second;
mais j'observerai que l'auteur ne dit pas
quel est le mode de gouvernement représentatif qu'il désirerait voir s'établir en

Russie, vu qu'il y en a de différentes sortes. Nous voyons, par exemple, un grand pays constitutionnel où le souverain n'est qu'un drapeau et le peuple qu'une force motrice, comme la vapeur, à l'usage de l'aristocratie et du capital, qui seuls concentrent entre eux le gouvernement, toutes les richesses et même la vie du pays. Il faudrait être ennemi de notre peuple pour lui souhaiter un pareil régime.

A mon avis, il n'y a de bonne constitution que celle que l'histoire et le peuple ont élaborée eux-mêmes, à l'aide d'un sage et loyal gouvernement, qui reconnaît la nécessité du progrès, les justes droits des gouvernés et les exigences du siècle. Pour cela il faut une mutuelle affection et une réciproque confiance entre le gouvernement et les gouvernés ; c'est une de ces rares et inappréciables harmonies que la Russie a maintenant le bonheur de posséder, car effectivement, comme le dit l'auteur de la lettre en question, il n'y a pas de peuple qui ait manifesté plus de dévouement à son souverain que ne vient de le faire le peuple russe, et certainement, il n'y a pas de souverain qui ait prouvé plus de sollicitude et d'affection pour son peuple qu'Alexandre II. Celui qui a su comme lui affranchir 20 millions de serfs dans ses États, qui répand tous les jours à pleines mains la semence de la civilisation et de la liberté, a droit à toute la confiance du pays. Qu'on le laisse donc paisiblement achever lui-même sa grande œuvre de régénération du pays, car on ne proclame pas des constitutions du jour au lendemain, avec le conseil de ses voisins et pour leur bon plaisir, mais on les élabore avec son peuple seul pour son propre pays. Quelques-uns de nos souverains n'ont que trop fait pour mériter les applaudissements de l'Europe ! Mais Alexandre II, en entrant dans la voie nationale, a évidemment aspiré à une plus grande gloire, il prétend à l'éternelle reconnaissance de la Russie elle-même, et il en a le droit !

Agréez, etc.

Creuznach, 4 juillet 1863.

Monsieur le Directeur du *Nord*,

On lit dans l'*Europe* du 17 juillet une lettre du Pape à l'empereur Alexandre II. Ce journal déclare que c'est la troisième traduction de cette lettre qu'il publie; c'est pourquoi elle a pu être altérée ; mais serait-elle même apocryphe qu'il n'est pas inutile d'en dire quelques mots, parce qu'elle contient des appréciations et des opinions assez répandues dans le monde.

Après avoir parlé en faveur du royaume de Pologne et de la nation polonaise, le Pape se plaint : de la confiscation des biens du clergé, de la suppression des couvents, des châtiments auxquels sont condamnés les propagateurs de la religion romaine; de l'obligation d'élever dans la religion d'*État* les enfants issus de mariages mixtes, de la défense au clergé de communiquer directement avec le Saint-Siége, etc., etc...

De fait, il se trouve que la mesure qui a remplacé pour le clergé la jouissance des biens par un traitement fixe est une bien ancienne mesure qui n'a jamais été dirigée spécialement contre le clergé de l'Eglise romaine, mais qui a été généralement appliquée au clergé de toutes les confessions dans tout l'empire, à commencer par celui de l'Eglise dominante; il est donc évident qu'on ne pouvait faire d'exception en faveur de telle ou telle province ou de tel ou tel clergé; et s'il y en a eu une de faite, elle n'a été qu'en faveur du clergé de l'Église latine, qui a reçu un traitement bien supérieur à celui de la majorité du clergé même de l'Église dominante dans toute la Russie.

S'il y a eu quelques couvents de supprimés, c'est parce que les uns n'avaient plus assez de frères pour continuer leur existence et que les autres avaient trempé dans des conspirations politiques hostiles au gouvernement, mission trop peu monastique pour pouvoir jamais être tolérée; et malgré ces suppressions, les fidèles de l'Église latine, proportion gardée, ont encore beaucoup plus de couvents et d'églises que les fidèles de l'Église d'Orient.

Quant à la propagande, le Pape tolère-t-il la propagande non catholique dans ses États?

Ce que le Pape appelle, chez nous, religion d'*Etat*, nous l'appelons religion *orthodoxe catholique* du rite d'Orient, laquelle a droit à la supériorité chez elle ; c'est pourquoi la loi exige que les enfants soient élevés dans son sein, tout comme dans les limites des États du Pape la loi exige probablement aussi que les enfants soient élevés dans la religion de son *Etat*. Les mariages mixtes s'y contractent même, je crois, difficilement.

Les relations directes du clergé avec le Saint-Siége sont interdites, parce que la loi générale défend à tout citoyen d'entrer, sans autorisation, en relation avec les souverains et les gouvernements étrangers, et les prêtres sont citoyens et le Pape est roi.

La lettre parle aussi des millions de Ruthènes qui ont abandonné la foi de leurs pères : probablement il est question des *uniates*, qui, en 1839, sont volontairement rentrés dans le giron de l'Église de leurs aïeux ; mais le gouvernement pouvait-il s'opposer à ce que ces populations russes rentrassent dans l'Église à laquelle il appartient lui-même avec toute la nation et qu'il reconnaît par conséquent pour la plus vraie ? Quant à l'idée de violence, le chiffre des nouveaux adhérents à notre Église suffit pour la réfuter, et les *uniates* qui existent encore dans le royaume de Pologne, parce qu'ils n'ont pas manifesté un désir analogue, prouvent également la fausseté de cette assertion.

La lettre fait valoir que le Saint-Siége, plaidant la cause de son Église, n'a jamais manqué aux égards les plus délicats envers le gouvernement de Sa Majesté. Mais les relations d'un des plus petits États de l'Europe avec le plus grand pouvaient-elles être d'une autre nature?

En somme, la lettre déplore la position qui est faite au clergé polonais et à l'Église romaine, sous le gouvernement russe; qu'on veuille bien comparer cette position à celle qui a été faite au clergé de notre Église et aux populations russes, quand les uns et les autres se trouvaient sous la domination polonaise, c'est-à-dire à l'époque où le clergé du pays y était tout-puissant, et on sera obligé de reconnaître la tolérance, l'impartialité et la justice du gouvernement russe.

A la fin, la lettre de Sa Sainteté attribue la révolution à l'existence des écoles et des universités, qu'il faudrait par conséquent abolir pour maintenir la soumission.

Je m'arrête devant cette idée, qui consiste à vouer l'humanité à l'ignorance pour mieux la dominer. Je ne sais quel est le gouvernement qui voudrait accueillir ce conseil, mais on peut être sûr que ce n'est pas celui d'Alexandre II.

Agréez, etc.

22 juillet 1863.

Monsieur le Directeur du *Nord*,

On lit dans le *Nord* du 27 août la traduction d'une supplique que les paysans du district de Mariampol (*royaume de Pologne*) ont adressée au gouverneur général de Lithuanie, M. Mouraviev, pour demander sa protection contre les insurgés. Ce document, écrit avec une simplicité rustique, porte en soi l'approbation la plus éclatante d'un côté, et le blâme le plus sévère de l'autre : l'approbation est certainement pour le général Mouraviev, qui a droit d'en être fier, parce que le plus beau témoignage en faveur d'un administrateur, et même de tout gouvernement, c'est celui de la confiance de l'immense majorité de ses administrés qui

appartiennent à la classe la moins proté-
gée par la loi, et dans ce pays ce sont des
paysans. Il faut que le général Mouraviev
ait manifestement mérité cette confiance,
pour que les paysans mêmes d'un pays
voisin de celui qu'il administre réclament
sa protection dans leur détresse. En même
temps cette pétition prouve que, dans le
royaume de Pologne, comme partout, ce
sont les populations rurales qui forment
la partie la plus saine de la population;
qu'elles sont, comme partout, amies de
la paix et ennemies du désordre ; par conséquent, si elles étaient complétement à
l'abri de l'influence pernicieuse, mais
jusqu'à présent légale, des autres classes,
si elles avaient une administration communale propre, si elles choisissaient elles-

mêmes leurs autorités locales dans leur propre sein, la révolution n'y serait pas possible. Mais, tant que ces populations n'auront pas cette indépendance, le gouvernement sera responsable de leur bien-être. C'est pourquoi il est obligé de les protéger spécialement, et dans les cas exceptionnels, quand il est dans l'impossibilité de les défendre partout, il doit leur fournir les moyens de se protéger eux-mêmes; car il serait d'une injustice criante de livrer à un parti turbulent, à quelque classe qu'il appartienne, une population honnête garrottée par la loi ; et les paysans polonais, ainsi que leurs ancêtres, ont tant souffert de l'arbitraire des autres classes du pays, qu'ils ont maintenant droit à une sollicitude particulière de la part de ceux qui sont investis du pouvoir.

Indépendamment de ce que je viens de dire, qu'on prenne en considération que jusqu'à présent la lutte n'est pas entre la Pologne et la Russie, comme bien des journaux le prétendent, mais tout autant entre les classes privilégiées du royaume de Pologne et les populations paisibles, et désarmées du même pays, et ce n'est que dans le cas où celles-ci parviendraient à vaincre ces dernières qu'elles s'empresseraient de les organiser en masses armées pour entrer alors seulement en lutte avec la Russie. Pour qui connaît le pays, cela ne fait pas de doute, et pour qui veut prévenir de plus grands malheurs, une plus grande effusion de sang, et pacifier le pays d'une manière stable, la voie est toute tracée.

Agréez, monsieur, etc.

28 août 1863.

—

Monsieur le Directeur du *Nord*,

Les détails que donne votre correspondant de Saint-Pétersbourg sur l'ouverture de la Diète de Finlande, insérés dans le *Nord* du 26 septembre, ont probablement attiré l'attention de vos lecteurs impartiaux et ont certainement comblé de joie le peuple russe, qui a dû y voir une nouvelle preuve de la sollicitude de notre Empereur pour tous ses fidèles sujets sans distinction, puisque, à cette occasion, Sa Majesté a non-seulement reconnu solennellement le droit de citoyens à tous ses sujets finlandais, les paysans y compris, mais a daigné même admettre à sa table, à l'égal de tous, le représentant de cette laborieuse classe qui, dans tous les pays, fait la base de la nation. Il devait être beau de voir tous les citoyens se niveler devant les grands intérêts de la patrie et la grandeur du souverain pour travailler en commun, avec les mêmes droits, au bonheur de l'un et à la gloire de l'autre. Cet exemple est une nouvelle garantie donnée à tout le peuple russe que son souverain n'oubliera, dans aucun cas, d'assurer également ses intérêts et ses droits, d'autant plus que personne ne peut contester la haute intelligence de notre peuple, ni douter de son dévouement au souverain et de son amour pour la patrie, qualités dont le peuple russe a fourni tant d'exemples à l'histoire et dont il vient de donner récemment encore les preuves les plus éclatantes.

Notre pays n'ayant jamais passé par la féodalité, notre nation ne peut être scindée : elle ne peut l'être parce qu'elle n'est pas, comme dans d'autres pays, composée des descendants des vainqueurs et des vaincus. Les Russes sont tous de la même origine ; par conséquent, ils ne peuvent former qu'une famille de frères, dont tous les intérêts sont communs. C'est ce qui a toujours fait la force de la Russie, qui a créé sa grandeur et qui a rendu possible le merveilleux succès de l'abolition du servage sans commotion, vu que le servage même n'a pas été chez nous le résultat de la conquête, et que les serfs, dès leur origine, ont toujours appartenu à la grande famille russe au même titre que leurs maîtres. Le servage ayant cessé, ses conséquences n'ont plus de raison d'être.

Agréez, etc.

27 septembre.

—

Monsieur le Directeur du *Nord*,

Dans *le Nord* du 20 décembre, sur la première page, on lit un article intitulé : *Les discours de MM. Bonjean et Dupin,* dans lequel il est dit entre autres : *Le Tzar est le chef de l'Eglise russe, de la même manière et au même titre que la reine d'Angleterre et le roi de Prusse sont chefs de leur Eglise nationale.*

Comme Russe, je prends la liberté de vous communiquer, monsieur, avec connaissance de cause, que le Tzar n'a jamais été chef de notre Église, et ne l'est pas plus que l'Empereur des Français n'est chef de l'Église de France ; mais qu'il a toujours été souverain du clergé de *toutes les confessions* dans ses États, au même titre que de tous ses sujets laïques. Si cette autorité souveraine sur le clergé russe devait faire du Tzar le chef de notre Église, comme on feint de le croire en Occident, il faudrait qu'on le reconnût aussi pour chef de l'Église romaine dans ses États, parce que son autorité, quant au temporel, s'étend également sur les deux clergés ; quant au spirituel, il n'a pas plus d'autorité sur une Église que sur l'autre. Notre Église ne peut être comparée ni à celle d'Angleterre, ni à celle de Prusse, parce que ces dernières sont protestantes, et la nôtre ne l'est pas ; aussi ces dernières peuvent-elles être des Églises nationales, tandis que la nôtre n'est qu'une branche de la grande Église d'Orient, qui repose sur les bases immuables de l'Église primitive, tout comme l'Église de France est une branche de l'Église d'Occident, qui a sa base à Rome.

Dans le sens de l'autorité entre ces

deux Églises il n'y a qu'une seule différence, c'est que le clergé français a son
autorité temporelle dans son pays et son
autorité spirituelle à l'étranger, tandis
que le clergé russe, ayant également son
autorité temporelle dans son pays, y
trouve également son autorité spirituelle
dans le Saint-Synode, ce qui a l'avantage
de ne pas scinder dans le cœur du clergé
le sentiment de citoyen.

Le respect de la vérité m'a obligé de
vous adresser ces quelques lignes, vous
priant, monsieur, d'avoir l'obligeance de
les insérer dans votre estimable journal,
pour prévenir de fausses appréciations
sur notre pays et notre Église, appréciations qui malheureusement n'abondent
que trop dans la presse étrangère.

4.

Agréez l'expression des sentiments distingués, etc.

Nice, 22 décembre 1863.

—

Monsieur le Directeur du *Nord*,

Je viens de lire dans *le Nord* du 29 décembre deux remarquables lettres, l'une de M. Chévirev, et l'autre de M. Moller, qui analysent avec une connaissance de cause parfaite, et apprécient avec une justesse admirable quelques discours dernièrement prononcés au Sénat de France, au sujet de la Russie. Si on ajoute que, dans cette même séance, a été sérieusement cité un vieux conte, réfuté depuis des années, d'une soi-disant abbesse de Minsk — conte dont on a fait depuis longtemps justice, même à Rome, où cette abbesse improvisée d'un couvent qui n'a jamais existé eut l'audace de se rendre, — et si l'on prend en considération que, dans cette même séance, il a même été question du knout, peine infâme qui depuis longtemps est abolie en Russie par un décret spécial qui a été publié dans tous les journaux russes, il y a plus de vingt ans, on arrive involontairement à se demander si des hommes d'État russes, discutant publiquement sur la France, appuyaient leurs appréciations sur de pareilles fables et reprochaient à la France actuelle la législation des régimes précédents comme si elle existait encore, quel jugement provoqueraient et quelle impression produiraient de pareils discours chez les lecteurs français? Incontestablement ces discours seraient taxés de monument d'ignorance et ne ferait naître que le sourire dans votre pays civilisé ; mais comme la civilisation n'excuse pas l'ignorance et ne dispense pas de bien connaître les choses dont on parle, on peut se rendre compte de l'impression qu'ont dû produire en Russie ces quelques discours prononcés au Sénat de France.

Agréez, etc.

21 décembre 1863.

Monsieur le Directeur du *Nord,*

On lit dans *le Nord* du 22 février la reproduction de plusieurs documents relatifs à la fondation du royaume de Pologne, et, en tête, on y voit une lettre de l'empereur Alexandre Ier, datée du 31 janvier 1811.

L'authenticité de cette lettre ne s'appuie que sur le témoignage d'une brochure, tandis que son contenu en fait douter. Il y est dit, en effet, dans le second paragraphe : *Par cette régénération, j'entends la réunion de tout ce qui a fait autrefois la Pologne, y comprenant les provinces russes, à l'exception de la Russie Blanche.* Mais c'est projeter le démembrement de la Russie et vouloir livrer *six millions* de Russes aux Polonais, qui leur ont toujours été hostiles.

Qui pourrait être assez téméraire pour affirmer que l'empereur Alexandre Ier ait pu concevoir une pareille idée? Alexandre qui, jusqu'en 1811, n'a eu que les preuves les plus touchantes de l'amour, de la confiance et du dévouement de ses sujets, et qui, un an plus tard, a été témoin du patriotisme de la nation russe! Non! il nous coûterait trop, à nous autres Russes, de le croire, d'autant plus que le nom d'Alexandre se rattache à l'une des plus grandes époques de notre histoire.

Mais si, par malheur, cette lettre n'était pas apocryphe, encore ne faudrait-il y voir qu'une idée purement politique,

sans conséquence, qu'une fantaisie passagère trop légèrement jetée sur le pa-
pier, car cet empereur était doué d'un
esprit trop supérieur, d'un cœur trop
élevé et d'idées trop libérales pour n'a-
voir pas senti alors déjà ce que tout le
monde sait maintenant et dont tout le
monde est convaincu, que les peuples,
avant tout, s'appartiennent à eux-mêmes
et que personne n'est en droit d'en disposer comme d'une propriété. Dans tous les
cas, depuis que cette lettre a pu être
écrite, il s'est passé un demi-siècle ; depuis lors tous les peuples, les Russes y
compris, ont mûri, ont étudié, ont réflé-
chi, ont mesuré leurs forces, ont appris
à s'apprécier, et maintenant surtout,
grâce aux bienfaisantes réformes d'A-

lexandre II, la nation russe, rappelée par lui à la vie, serait moins que jamais d'humeur à se laisser démembrer en faveur de n'importe quelle autre nation.

J'ai cru devoir vous adresser cette lettre, pour prévenir les fausses interprétations auxquelles la publication des documents en question pourrait donner lieu.

Agréez, etc.

28 février.

Nice, 7 mars.

Monsieur le Directeur du *Nord*,

Hier dimanche, au moment où les Russes résidant cet hiver à Nice étaient réunis comme d'habitude dans leur église, s'est répandue la nouvelle, dont votre journal a donné la primeur, de la grande réforme proclamée en faveur des paysans de Pologne, qui les appelle désormais non-seulement à jouir des droits civils et politiques, mais qui les met à l'abri du prolétariat, comme le dit votre correspondant. La nouvelle de cet immense bienfait a pénétré les assistants d'une si vive reconnaissance pour son auguste auteur, qu'ils ont spontanément prié le curé officiant de chanter, en actions de grâces, un *Te Deum* pour la santé, la prospérité et la gloire de l'empereur Alexandre II.

Je m'empresse de vous faire part de cet incident, comme preuve que les Russes, loin d'avoir de l'animosité contre les

Polonais, ainsi que veulent le faire accroire quelques publicistes, sont heureux
de voir cesser les souffrances du malheureux peuple polonais. Ce fait vient à
l'appui de ce que je vous ai prédit dans
ma précédente lettre à ce sujet.

Agréez, etc.

—

Nice, 24 décembre.

Monsieur le Directeur du *Nord*,

Si la presse est, comme on le prétend,
l'expression de l'opinion publique, la falsification inqualifiable du décret de l'Empereur de Russie, relatif aux couvents du
royaume de Pologne, fait dénoncé dans
le Nord du 20 décembre, est une nou-

velle preuve que notre gouvernement ne peut invariablement compter que sur la sympathie sincère de la nation russe, qui seule ne lui fera jamais défaut, et que toutes les fois qu'un gouvernement s'inspire des sentiments de la nation, il n'a besoin de prendre pour guide que la justice et les intérêts du pays, parce qu'en pareil cas, il trouvera toujours dans sa propre conscience et dans l'assentiment de la nation la force nécessaire pour faire valoir et respecter son droit légitime.

Voilà, monsieur, les réflexions qu'a certainement fait chaque Russe après avoir lu *le Nord* du 20 décembre, parce qu'on y voit que le même décret qui a tellement déplu à une certaine presse européenne, qu'elle n'a pas hésité à des-

cendre jusqu'à la falsification, a provoqué
la plus vive reconnaissance du pays où il
a été promulgué, ce qui, pour chaque gouvernement, a certainement une bien autre
valeur que les fausses approbations et les
louanges intéressées de l'étranger.

Agréez, etc.

—

Monsieur le Directeur du *Nord*,

Votre journal a maintes fois relevé les
erreurs qui se glissent dans la presse européenne quand elle parle de la Russie ;
ces erreurs proviennent probablement de la
difficulté qu'ont les étrangers à apprendre
à bien connaître ce pays, qui, sous bien
des rapports, diffère essentiellement du

reste de l'Europe. Pour reconnaître cette différence, il suffit de remarquer la différence des points de vue sous lesquels est envisagée, en Europe et en Russie même, la question politico-religieuse qui occupe actuellement tous les esprits sérieux et tous les hommes d'État. En Europe, tous ceux qui ont étudié cette question et qui la jugent sans partialité, s'accordent maintenant à reconnaître que *l'esprit de l'Eglise est aussi indispensable au bien de la société, que l'esprit des ordres monastiques lui est nuisible;* pour preuve, nous voyons que, dans toute l'Italie, jusqu'aux frontières des États pontificaux, on cherche, non-seulement à réagir contre l'hostilité du clergé régulier, mais on va jusqu'à mettre en question l'existence des ordres ; en France, un homme éminent, qui a été ministre des cultes, a prononcé au Sénat un discours éloquent sur ce même sujet, dans lequel il a prouvé, avec une connaissance profonde et une autorité incontestable, la même vérité que *l'esprit de l'Eglise est aussi bienfaisant, que celui des ordres monastiques est nuisible à la société, aux gouvernements et même à l'Eglise ;* enfin, les derniers événements de Pologne ont fourni tant de preuves matérielles et incontestables à l'appui de cette opinion que, sauf le parti ultramontain, elle est acceptée dans toute l'Europe comme un axiome. A la même époque, on voit en Russie tout le contraire : là, c'est un moine dominicain qui est appelé à occuper la première place dans la hiérarchie de l'Eglise latine de l'empire, et c'est un autre dominicain qui vient d'être mis à la tête de l'Académie ecclésiastique où se forment les candidats pour toutes les hautes dignités de cette Église dans le pays. Ces deux choix, qui n'ont pas de précédents en Russie et peut-être pas d'exemple dans les pays même catholiques, choix faits dans un ordre qui ne peut être regardé comme le plus inoffensif, puisque, de tout temps, c'est aux soins des domini- cains que fut confiée l'inquisition, ces choix, dis-je, prouvent jusqu'à quel point la Russie diffère du reste de l'Europe, même dans une question qui semble être commune à toute la société chrétienne, de pareils choix n'ayant pu être faits sans de bonnes et valables raisons. Aussi je ne me permettrai aucun jugement entre les deux opinions diamétralement opposées, qui se sont manifestées à ce sujet en France et en Russie, mais je ne vous cacherai pas combien je regrette qu'il ne soit pas possible que les hommes d'État, qui, par la confiance de leurs souverains respectifs, sont chargés du soin de la question dans les deux pays, ne puissent être mis en présence dans cette circonstance. Quelle lumière pourrait jaillir de leur débat, et combien il serait instructif pour la société et peut-être pour eux-mêmes ; car il est difficile de comprendre que les deux partis puissent avoir raison, malgré toute la différence qu'il y a entre la Russie et le reste de l'Europe.

Agréez, monsieur, etc.

Nice, 4 avril.

Paris, 3 juin.

Monsieur le Directeur du *Nord*,

La canonisation de Josaphat Kount-ziévitch prouve combien on a raison de dire qu'il n'y a rien de plus vivace que la haine cléricale. Tout le monde se rappelle encore l'outrage inqualifiable que le Pape a jeté publiquement à l'empereur Alexandre, dans un discours virulent. L'Europe en fut étonnée, la Russie indignée, et tout le monde s'attendait alors à des conséquences aussi grandes que la grandeur de l'audace; mais il en fut autrement. Alexandre II voulut se mettre au-dessus de cette insulte impuissante, pour prouver sans doute au monde qu'un grand

5.

souverain peut savoir mieux pratiquer les vertus chrétiennes qu'un pontife, car le pardon des offenses est une de ces vertus, et le Pape, entraîné par la passion, a oublié dans ce cas les principes de la charité, de l'humilité et de l'amour du prochain. Dans cette circonstance, dont la Russie a conservé le souvenir, c'est la personne du souverain qui était attaquée; aussi a-t-il pu en faire une question purement personnelle, ce qui lui a donné le droit d'être magnanime et généreux malgré l'indignation générale de la Russie, obligée d'enfouir son ressentiment au fond de son cœur. La cour de Rome, augurant de là que le coup n'avait pas suffisamment porté, ou que le pays était trop faible pour se mesurer avec sa puissance, vient de s'attaquer à la nation russe elle-même en canonisant Kountziévitch.

Ce n'est certainement pas le côté religieux de cet acte qui peut avoir quelque importance ou qui peut étonner qui que ce soit. Tout le monde sait, en effet, qu'à Rome on comprend les vertus dignes d'être préconisées par l'Église, autrement que dans toute la société civilisée. La preuve en est qu'on y a dernièrement canonisé ou béatifié un des plus féroces inquisiteurs de l'Espagne, un homme dont les cruautés répugnent à tous les sentiments humains ; il était juste qu'on lui donnât Kountziévitch pour pendant. Mais c'est dans le côté politique de cet acte que se manifestent tout l'orgueil

et toute la haine, plusieurs fois séculaires,
de la papauté contre l'orthodoxe Russie,
car en canonisant Kountziévitch, le Pape
a sciemment préconisé à la face du
monde celui que toute la nation russe,
son histoire et son Église ont stigmatisé
depuis bien longtemps, pour les forfaits
qu'il a commis en marchant, la croix romaine et le glaive polonais à la main, à
la conquête des populations russes pour
le Pape et la Pologne. Malgré les avis sévères d'un illustre Polonais de son époque,
comme l'histoire le prouve, cet ennemi
acharné de la Russie marchait, marchait
toujours vers son but, renversant devant
lui les Églises orthodoxes, laissant der-
rière lui les cadavres et en se baignant
dans le sang des populations russes, jus-

qu'à ce que ces victimes, exaspérées, vengeassent ses excès par sa mort. Et c'est ce monstre, cet ennemi de la Russie, qui vient d'être canonisé à Rome, et cela dans l'intention évidente qu'il soit adoré par le clergé de l'Église latine, au sein même de cette partie de la Russie qu'il a torturée, à côté des églises orthodoxes qu'il a profanées, au milieu des descendants de ses malheureuses victimes !

Il faut rendre justice à la cour de Rome et reconnaître que le raffinement de la haine et de l'outrage, fait par là à la nation russe, ne pouvait être mieux combiné et plus complet ; mais pour cette fois son triomphe est plus que douteux, car ce n'est plus une insulte personnelle qu'un

souverain magnanime a pu couvrir de sa
générosité, si mal appréciée à Rome
comme toujours ; non, cette fois l'outrage
est tombé en plein visage sur toute la nation russe, et cette insulte, personne au
monde ne peut l'absoudre, il n'y a pas de
gouvernement qui puisse laisser humilier
sa nation impunément. Tout gouvernement, quel qu'il soit, doit avant tout défendre la dignité de la nation qu'il gouverne, et le nôtre connaît trop bien ses
devoirs, et il a trop souvent montré combien il est jaloux de la dignité du pays,
pour qu'on puisse en douter.

Je ne me permettrai certainement pas
de préjuger les intentions de notre gouvernement, mais je n'hésiterai pas à affirmer, sans crainte d'être démenti par au-

cun de mes compatriotes, qu'il n'y a certainement pas un Russe qui n'attende maintenant une réparation éclatante, qui puisse mettre fin, une fois pour toutes, aux agressions du Pape contre la nation russe. Cette nation n'a jamais reconnu, ni ne reconnaîtra jamais, l'autorité de la papauté, qui ne cesse de chercher à s'imposer partout où on a la faiblesse de la souffrir.

Recevez, etc.

—

Monsieur le Directeur du *Nord*,

Dans une lettre du 10 février, que vous avez bien voulu insérer dans *le Nord* du 14 de ce mois, je vous ai communiqué mon opinion sur la pétition de la noblesse de Moscou, parce que la presse européenne s'en est occupée; mais, sur ces entrefaites, a paru, dans *le Nord* du 12 février, un rescrit de l'Empereur au ministre de l'intérieur sur ce même sujet. Si j'avais pu le prévoir, je n'aurais certainement pas écrit ladite lettre, parce que ce document important, digne sous tous les rapports d'un grand souverain, a non-seulement précisé, bien mieux que je n'ai pu le faire, le véritable point de vue sous lequel doit être envisagée la pétition susmentionnée; mais, en jetant une lumière décisive sur cette démarche, il indique clairement la voie que la noblesse doit désormais suivre et tout ce que le pays doit attendre de la sagesse et de la générosité de son souverain.

Maintenant, c'est à la presse russe, qui, ces derniers temps, a rendu de si éminents services au pays, qu'appartient le devoir de prendre ces paroles impériales pour programme, afin de fixer, par une étude approfondie de l'histoire et par des déductions logiques, l'opinion de la société sur les devoirs de la noblesse dans le présent et dans l'avenir.

Il est évident que l'établissement du servage, comme son abolition, doivent être regardés comme deux époques des plus importantes de l'histoire de Russie, et si la première de ces époques a changé la face de l'ordre social dans le pays, les conséquences de la seconde ne peuvent pas être moins importantes. Trois grands souverains ont asservi le peuple russe : le tzar Boris Godounof a restreint sa liberté, par une mesure administrative, pour mettre fin au vagabondage ; l'empereur Pierre Ier a légalisé cet ordre de choses, en attachant l'homme à tout jamais au sol, ce qui l'a asservi au propriétaire de la terre qu'il cultivait, et, en même temps, ce souverain a institué le *tchine*, qui modifia complétement la noblesse ; enfin, l'impératrice Catherine II, en promulguant la charte de cette noblesse modifiée, l'a séparée du reste de la nation et par là même lui a définitivement asservi le peuple. Ce cruel privilége a fourni à la noblesse les moyens de se civiliser aux frais du peuple, et le gouvernement a fait de cette classe la pépinière de ses employés ;

la noblesse, de son côté, s'y est prêtée
de si bonne grâce, qu'elle a fini par ne
se croire apte qu'à occuper des places
dans le gouvernement. Cet ordre de choses, qui personnifiait tout le pays dans le
gouvernement seul, a pu durer jusqu'au
moment où un plus grand souverain a eu
la juste et généreuse volonté, que l'his--
toire n'oubliera jamais, de mettre la
grandeur de sa patrie à l'abri de toute
vicissitude, en lui donnant pour base
inébranlable la grandeur de la nation
elle-même, et cela, en rendant à tous ses
sujets sans distinction les droits et la
dignité qui doivent appartenir à tous citoyens. C'est par l'abolition du servage
que cette immortelle régénération de la
nation russe s'est accomplie. Après cet

acte, la sphère d'action de la noblesse s'est évidemment élargie, parce que désormais elle est appelée à mettre le fruit de sa civilisation, non-seulement au service du gouvernement, mais aussi au profit de toute la nation, comme tribut de sa reconnaissance. Pour remplir cette belle mission, la noblesse doit maintenant se fondre de nouveau avec toute la nation, se retremper dans la source vive du peuple russe, pour reparaître, non plus en *tchinovniks*, comme à l'époque du servage, mais en citoyens, comme jadis.

Agréez, etc.

Nice, 17 février.

Monsieur le Directeur du *Nord*,

Dans le n° 128 du *Nord* on lit une lettre, très-remarquable, d'un de vos abonnés allemands de Riga. L'auteur de cette lettre parle d'une lutte entre les tendances *russes* et *allemandes*, qui, selon lui, prend de jour en jour plus de vivacité. Cela ne saurait être littéralement exact, car en Russie, où se trouve aussi Riga, il ne peut exister de lutte entre l'innombrable nation russe, qui est chez elle, et une poignée d'Allemands qui ne peuvent être en Russie qu'à titre d'étrangers s'ils ne se reconnaissent pas eux-mêmes pour Russes. Ce qui a pu faire naître une pareille idée, ce ne sont que les prétentions inouïes d'une part, et la

longanimité, tout aussi inouïe, de l'autre.
Plus loin votre honorable correspondant
parle de l'effet considérable qu'a produit,
en ce sens, la solennité du jubilé de *Lo-
monossof*, en ajoutant que c'est de *l'huile
sur le feu*. Cette appréciation du tribut de
reconnaissance rendu par les Russes à la
mémoire de leur immortel compatriote
n'est pas juste non plus ; cette solennité
a prouvé seulement que la semence de
lumière et de dignité nationale que ce
grand homme a jetée dans le cœur de ses
concitoyens est tombée sur une terre fé-
conde ; c'est pourquoi elle s'y est conser-
vée, malgré cent ans de vicissitudes, et,
au lieu de mourir, comme quelques-uns
l'ont peut-être espéré, cette semence n'a
fait qu'y germer pour se développer au

bout d'un siècle. Quant au feu il n'y en a certainement pas dans cette question, car il suffirait qu'il s'allumât pour s'éteindre le lendemain, faute d'aliment, tant le parti allemand est restreint.

Après cela, votre correspondant dit que ce sont les tendances nationales du règne actuel qui ont développé cet antagonisme, qui jusque-là existait à l'état latent. Oui, c'est Alexandre II qui a la gloire d'avoir compris ce qui manquait à la grandeur de sa nation, nation qui l'a spontanément compris et apprécié à son tour; aussi a-t-il suffi d'une parole de se grand souverain pour que les classes civilisées de tout l'empire s'empressent de ce dépouiller elles-mêmes des privi-léges qu'elles possédaient, parce qu'ils gênaient le développement du peuple russe, et ce peuple s'est rendu digne de ce bienfait, en buvant à la coupe de la liberté avec reconnaissance, mais sans entraînement. Dès lors la Russie s'est métamorphosée et le prodige s'est accompli, on peut dire, du jour au lendemain. Peut-on après cela s'imaginer que les privilégiés de la Russie ont sacrifié leurs priviléges, et que les esclaves russes sont devenus libres citoyens, pour continuer à s'humilier devant les priviléges surannés d'un petit parti qui ne veut même pas s'appeler russe?

Quant aux articles de la *Gazette de Moscou* et de l'*Invalide*, que votre correspondant appelle des « sorties, » ce ne sont que des études instructives qui prouvent, une fois de plus, que les Russes sont déjà majeurs puisqu'ils veulent maintenant apprendre ce qui se passe chez eux avant de courir aux pôles, où jadis on les dirigeait complaisamment, tandis qu'ils ignoraient ce qui se passait dans leur pays.

Comme j'habite la province, je n'ai pas sous la main tous les renseignements qui existent dans nos provinces baltiques, aussi je ne suivrai pas votre correspondant dans toutes les réfutations qu'il assure être faites à l'*Invalide*. Pour bien des raisons, un débat sur ce terrain serait stérile. Ce qu'il y a à mon avis de plus simple, de plus clair et de plus juste, c'est de dire franchement ce que veulent les Russes. Ce que les Russes veulent, ils ont droit de

6

le vouloir, parce qu'ils ne veulent rien
que de juste; ils veulent être chez eux
dans toutes les provinces qui composent
l'empire, par conséquent ils veulent jouir
dans les gouvernements de Riga, de Reval et de Mittau, comme ils étaient appelés déjà sous le règne de Catherine II,
des mêmes droits dont jouissent les habitants de ces provinces dans tout l'empire
et chez nous à *Kostroma*, province qui,
aux yeux de la Russie et du gouvernement,
vaut les provinces baltiques, puisqu'elle a
toujours appartenu au cœur de la Russie
et que c'est au milieu de nous et par nous
qu'a été sauvé le fondateur de la maison
Romanoff, qui fait jusqu'à présent le bonheur de l'empire. Nous savons que ces
provinces étaient jadis des duchés indé-

pendants et avaient des lois particulières, mais nous savons aussi qu'il y a des royaumes et d'autres pays qui sont venus se fondre dans notre pays ; sans parler de Kazan et d'Astrakhan, il suffit de citer la Géorgie, la Petite-Russie, les provinces de l'Ouest ; tout cela sont des annexions plus récentes que les provinces baltiques ; ces pays avaient aussi leurs lois particulières, qu'elles n'ont pas hésité à sacrifier pour la grandeur de la commune patrie. Les Allemands des provinces baltiques doivent savoir mieux que personne, qu'on ne fait pas de conquêtes pour se donner des maîtres ; ils ont aussi conquis le pays qu'ils habitent, et quel sort ont-ils fait aux indigènes ? Les Russes, quoiqu'ils sachent maintenant ce qu'ils valent et ce qu'ils

peuvent, sont plus généreux qu'eux ; ils
ne veulent dominer aucune des nationalités qui composent leur vaste patrie, mais
aussi ils se refusent positivement à reconnaître la supériorité d'aucune d'elles
dans le pays. Les Russes ne sont pas vin-
dicatifs, ils sont prêts à renoncer à toute
récrimination et à tendre fraternellement
la main à leurs compatriotes des provinces baltiques. C'est à eux maintenant
à savoir s'ils veulent l'accepter franchement sans arrière-pensée, sans aucune
prétention à l'exception, que les Russes
n'admettront plus, ou à repousser cette
main puissante.

Vivant au sein de la Russie, je sens
battre son cœur ; c'est pourquoi, monsieur, j'ai cru devoir vous adresser cette

lettre, pleine de vérité, sur les sentiments unanimes de mon pays relativement à la question « délicate », comme l'appelle votre honorable correspondant, et comme preuve de l'effet qu'a produit sa lettre dans l'intérieur de la Russie.

Agréez, etc.

Moscou, 1er-13 mai

———

Monsieur,

Après avoir lu dans *le Nord* du 26 mai la lettre judicieuse que **M.** de Moller a écrite à l'occasion de l'article du *Wanderer*, reproduit par le *Moniteur*, je prends la liberté d'ajouter quelques mots sur le même sujet.

G.

Il est dit dans cet article qu'*une lutte acharnée est imminente entre Saint-Pétersbourg et Rome.* Cette allégation prouve une fois de plus combien on connaît mal la Russie ; la lutte , en effet, est impossible entre deux pouvoirs tellement différents par leur essence, qu'ils ne peuvent même pas se rencontrer sur le même terrain. Le pouvoir de Pétersbourg , n'étant que temporel, n'a à sa disposition que des armes matérielles, dont il ne peut user contre le pouvoir de Rome qui est spirituel ; et ce dernier, à son tour, ne peut disposer que des armes morales qu'il puise dans la foi des gouvernements et des peuples qui reconnaissent son autorité. Comme ce n'est pas le cas pour la Russie, ni pour son gouvernement, le pouvoir spirituel de Rome ne peut avoir aucune prise sur eux. L'ambassade russe à Rome n'est pas une nécessité politique de cet empire, ce n'est qu'un acte de courtoisie de son gouvernement, et comme on ne peut et ne doit être courtois qu'envers ceux qui le sont eux-mêmes, il serait naturel qu'après le fameux discours du Pape, cette ambassade fût rappelée, ce qui n'aurait aucune gravité ; il n'y aurait qu'une ambassade inutile de moins à Rome et une dépense inutile de moins pour la caisse de Saint-Pétersbourg, et rien de plus.

Le grand moyen d'action dont jadis Rome s'est servie, celui de délier les sujets du serment de fidélité envers leur souverain, est tellement usé qu'il serait main-

tenant de nul effet, même dans les pays
qui professent la religion romaine, et ne
produirait aucune émotion parmi les populations satisfaites de leur gouvernement. Contre la Russie, ce moyen a déjà
été indirectement tenté pendant les derniers événements. Lorsque les Polonais
eurent manqué à leur serment de fidélité
en prenant les armes contre leur gouvernement, le pape les a approuvés et a
présidé personnellement une procession
polonaise à Rome. Son clergé a béni l'in-
surrection sur les lieux mêmes, et, pour
prêcher d'exemple, s'est mis à sa tête ;
et qu'est-ce que tout cela a produit ? Seulement quelques criminels, c'est-à-dire
quelques victimes de plus.

Le gouvernement russe pourrait donc

impunément rappeler son ambassade de Rome, et ce rappel n'aurait aucune influence fâcheuse sur ceux de ses sujets qui professent la religion romaine. Si le Pape voulait se refuser à satisfaire à leurs besoins spirituels, non-seulement il manquerait à son devoir, mais il ferait par là de la propagande en faveur de l'Eglise russe, comme l'a prouvé l'expérience tentée par le prédécesseur de Pie IX. Grégoire XVI eut une fois la velléité de créer des embarras au gouvernement russe ; il refusa pendant plusieurs années de préconiser les évêques nommés par le gouvernement. Quel en fut le résultat ? Les populations, voyant que le Pape s'éloignait d'elles, commencèrent à s'éloigner de lui à leur tour, et profitant de la loi du pays qui autorise les fidèles des églises tolérées à passer d'une confession à l'autre, abandonnèrent l'Église romaine, et en tel nombre que les conversions s'élevèrent à sept mille pour la cinquième année.

Si la cour de Rome eût persévéré dans ce système, il n'y aurait presque plus de catholiques romains en Russie. Est-ce Rome où Saint-Pétersbourg qui y aurait perdu ?

Quant à supposer, comme quelques personnes ont la naïveté de le croire, que le gouvernement russe a besoin du pape pour ramener par son influence les Polonais à l'obéissance, c'est une utopie qui n'a même pas besoin d'être réfutée ; car si le Saint-Père avait la puissance de faire rentrer des sujets rebelles sous l'autorité de leur gouvernement, il commencerait par soumettre ses propres sujets, sur lesquels il ne règne depuis longtemps qu'à l'aide de troupes étrangères.

Tout cela prouve suffisamment que Saint-Pétersbourg n'a rien à redouter ni rien à espérer de Rome, et que « la lutte acharnée, » que prévoit le *Wanderer* n'est qu'une chimère. Si, par impossible, Rome voulait la tenter, il suffirait que Saint-Pétersbourg lui opposât l'indifférence pour la paralyser; car l'indifférence est mère de l'oubli, et l'oubli est tout ce que Rome redoute le plus; tous ses efforts, dans ces dernières années, n'ont eu d'autre but que de se rappeler à l'attention publique.

Recevez, etc.

7 février.

Monsieur,

Le résumé des rapports du cabinet de Saint-Pétersbourg avec celui de Rome, publié dans *le Nord* du 25 janvier, dévoile les sentiments intimes, le but, la déloyauté et les menées clandestines du Vatican, relativement à la Russie. Cet exposé véridique, étant appuyé de citations et de dates, justifie complétement les mesures qui ont mis fin à tout engagement et à toutes relations entre les deux cabinets, et la publication dudit résumé a rendu impossible même le renouvellement de toute négociation avec un cabinet qui évidemment suit le principe *que le but excuse les moyens ;* le gouvernement russe ne pourrait maintenant renouveler ses relations avec un pareil cabinet, sans manquer à sa dignité et sans exposer les intérêts de son pays à de nouvelles intrigues, dont les suites désastreuses ne se sont que trop manifestées.

Maintenant que, grâce à la sagesse du gouvernement russe, ses inutiles relations ont définitivement cessé et que le concordat est abrogé, il est intéressant et instructif de rechercher, après vingt ans d'expérience, quelle a été l'utilité du concordat pour la Russie et pour l'Eglise latine dans ce pays, ainsi que les causes qui ont jadis fait naître en Russie l'idée du concordat : pour la Russie, on ne peut nier que le concordat ait constamment froissé le sentiment national, les Russes

n'ayant jamais pu comprendre pourquoi
il fallait un concordat spécial, en faveur
de la seule Église latine, qui n'est que
tolérée en Russie, quand toutes les autres
Églises, la dominante y comprise, se sont
toujours contentées de la garantie des
lois du pays, bien que l'Empereur ne soit
pas plus chef de l'Église dominante dans
ses États qu'il ne l'est de l'Église latine ;
il n'y a pas, en effet, d'Église russe en
Russie, comme il n'y a pas d'Église française en France, mais il y a une Église
de Russie qui fait partie intégrante de
l'antique Église d'Orient, dont l'empereur
ne saurait être le chef, tout comme l'É-
glise de France fait partie de la grande
Église latine. Pour l'Église et le clergé de
l'Église latine en Russie, le concordat n'a

apporté aucun changement, parce que
l'esprit, les lois et le système du gouvernement d'un pays aussi vaste que la Russie ne peuvent se modifier en faveur de
telle ou telle minime parcelle de ses sujets, et en faisant des exceptions, le gouvernement attaquerait le principe de l'u-
nité dans ses États et fractionnerait par
là, par conséquent amoindrirait sa propre
autorité. Mais le concordat a eu pour effet
de fausser le jugement du clergé latin du
pays, en lui suggérant l'idée de l'existence pour lui de deux pouvoirs souverains, non spirituels, mais politiques et
administratifs, qui peuvent lutter entre
eux ; de là tous les actes criminels du
clergé latin qui a cru dès lors pouvoir
être protégé par le pape contre le pouvoir

de son souverain légitime. Erreur regrettable dont une partie du clergé a été victime, grâce au concordat. De plus, ce document a doté la Russie d'un diocèse de plus, au cœur même du pays, et dont on ne sait que faire, tandis qu'il y en avait déjà trop, qu'il aurait fallu abolir, vu le nombre insuffisant de fidèles, comme on l'a fait dernièrement en Podolie et comme on cherche à le faire même en Italie, pour ne pas obérer le gouvernement par des dépenses inutiles, quand il y a tant de besoins réels qu'il ne peut satisfaire. Pour l'extérieur, le concordat n'a procuré au gouvernement russe qu'un ennemi de plus dans la personne du pape ; la preuve en est que, lors de la révolution en Pologne, avant le concordat, le pape, craignant pour son Église en Russie, a cherché à se mettre bien avec notre gouvernement, en conseillant au clergé de ne pas prendre part à la révolution, tandis que, lors de la dernière révolution, le pape, se croyant garanti par le concordat, n'a pas hésité à encourager son clergé, *par tous les moyens*, à soutenir la révolution, qui n'en est devenue que plus sanglante.

Touchant l'origine de l'idée d'un concordat en Russie, on peut, sans craindre de se tromper, l'attribuer à cet esprit d'imitation servile qui dominait jadis en Russie, dans un certain cercle influent. Faiblesse ridicule dont le pays cherche enfin à se corriger. Je me rappelle avoir entendu moi-même prouver, par plusieurs personnages de ce cercle, qu'un concordat serait utile pour la Russie, parce qu'il y en a un en France ; mais les propagateurs de cette idée inapplicable en Russie ne se sont même pas donné la peine d'étudier dans quelle circonstance et dans quel but le concordat de France a été conclu. Ils n'auraient pas mis tant d'insistance à patronner leur idée, s'ils avaient pris en considération qu'à cette époque en France il était question de rétablir l'ordre et de relever pour cela l'Église, que la révolution avait renversée ; en même temps, il était question en France de fonder un trône, que cette même révolution avait brisé. Pour cela on avait besoin du prestige que donne la coopération de l'Église, et malgré tout, le concordat français a été dicté à Paris, et à Rome il n'a été que subi, parce que le pape désirait rétablir en France son Église, qui avait toujours été dominante dans le pays. En Russie, grâce à Dieu, il n'y avait ni Église ni trône renversé; quant au pape, il ne pouvait avoir l'espérance d'établir sur la Russie une autorité qu'il n'a jamais possédée et que la Russie lui refusera toujours; aussi on peut être sûr que, dans aucun cas, ce n'est pas l'Église romaine qui aurait pu sauver la Russie, parce que, tout en reconnaissant l'action puissante de cette Église, il ne faut pas oublier que son activité varie selon ses intérêts. Par exemple: dans les pays où cette Église croit pouvoir arriver à la domination, elle saura soumettre l'esprit du peuple au gouvernement qui lui promettra de reconnaître son autorité; mais, dans les pays où le gouvernement ne voudra pas ou, par la ténacité de son peuple, ne pourra pas se prêter à cette prétention, comme c'est le cas en Russie, cette Église sera toujours prête à soulever ses adhérents contre l'autorité du gouvernement le plus légitime; par conséquent, il est sage de renoncer à toutes tentatives de réconciliation entre Rome et la Russie, qui sont mues par deux principes inconciliables dès l'origine de la chrétienté en Russie.

Agréez, monsieur, l'expression, etc.

—

Paris, 5 mai.

Monsieur le Directeur du *Nord*,

Après avoir lu dans *le Nord* du 4 mai l'incroyable « improvisation du pape, » on reconnaît la justesse de votre opinion sur la gravité, au point de vue diplomatique, d'un outrage aussi violemment jeté à la face d'un souverain qui a son ambassade à Rome, et involontairement on se reporte vers l'Angleterre, qui a la sagesse de ne pas admettre la présence d'un nonce chez elle, et de n'avoir pas d'ambassade à Rome, ce qui conserve au gouvernement de ce pays toute son indépendance intérieure et met la dignité de son souverain à l'abri de pareilles intempérances de langage.

7.

Quant à la société russe, de toutes les classes sans distinction, on peut dès à présent affirmer, sans crainte de se tromper, que son indignation sera générale, et il serait déplorable qu'il en fût autrement ; car, malheur au pays qui ne s'indigne pas à l'outrage fait à son souverain, et malheur au gouvernement qui ne partage pas, en pareil cas, l'indignation du pays qu'il gouverne. L'irritation que ce discours provoquera en Russie n'aurait certainement pas de bornes, si elle n'était mitigée par le sentiment involontaire qu'inspire toujours le spectacle de l'impuissance en courroux. Car il ne faut pas s'abuser sur l'importance du pape dans notre pays, il en a en Russie juste autant que notre gouvernement veut bien lui en donner lui-même; pour la nation russe, le pape ne saurait être que le souverain d'un État microscopique et le pontife d'une Église étrangère, que son clergé vient de compromettre définitivement aux yeux de toute la Russie. Aussi sera-t-on bien étonné chez nous d'entendre le pape parler en maître de notre pays et condamner en juge notre gouvernement, alors qu'il devrait manifester toute sa reconnaissance pour la tolérance dont son Église jouit depuis si longtemps en Russie.

Il est remarquable que Sa Sainteté, dans la chaleur de son improvisation, n'ait même pas trouvé un seul mot de blâme pour ceux des membres de son clergé dont les crimes ont contribué à

ensanglanter la Pologne et des provinces
russes ! Si sa conscience a pu les absoudre, la loi d'un pays bien organisé et qui
tient à son indépendance, ne peut le faire,
parce que la justice exige que tous criminels soient frappés et tous citoyens ré-
calcitrants domptés, par la *seule* force de
la loi de l'État, et cela sans distinction
de classe et de condition.

En parlant de l'empereur Alexandre,
le pape a dit : *Ce monarque qui ose s'appeler catholique étant en dehors de notre
sainte Eglise* (romaine). Mais cela n'est
pas nouveau, cela existe depuis l'établissement du christianisme en Russie, et
c'est précisément à cause de cela qu'aux
yeux de nos compatriotes Alexandre II
est catholique, au même titre que nous

tous, qui appartenons par le baptême à une Église que nous reconnaissons pour Eglise catholique, apostolique, mais non romaine ; cette dernière conception date de la séparation des Églises d'Orient et d'Occident. Si nous ne contestons pas à notre tour ce même titre de catholique à l'Église dont le pape est le chef, c'est uniquement dans un esprit de conciliation que nous croyons être plus en harmonie avec le siècle. Qui ne sait que ce dont se plaint si amèrement Pie IX est la conséquence de la séparation des Églises ; séparation qui dure toujours et que des discours hautains, pleins de fiel, dépourvus d'humilité et de charité chrétienne ne feront qu'envenimer de plus en plus, parce que la conviction ne se commande pas, mais se puise dans l'étude de la vérité?

En finissant son discours, le pape engage à prier pour la Pologne. Que Sa Sainteté prie donc pour ceux des Polonais qui ne veulent pas du gouvernement que le sort leur a donné, et nous prierons, de notre côté, pour ceux des Romains qui ne veulent pas du gouvernement que le pape leur donne. Les uns et les autres, également privés de l'indépendance à laquelle ils aspirent, ont le même droit à la même compassion, et ce n'est que l'avenir qui prouvera laquelle des deux prières sera exaucée la première, comme la plus juste. Jusque-là faisons comme dit le Saint-Père, prions !

Agréez, etc.

—

Monsieur le Directeur du *Nord*,

A la première page du *Nord* du 15 octobre on lit quelques lignes tirées du *Journal de Saint-Pétersbourg*, dans lesquelles on cherche à prouver la nécessité du pouvoir temporel du pape et de l'occupation de Rome par les troupes françaises. En donnant ces lignes à vos lecteurs, vous dites qu'on aurait tort d'y voir autre chose que l'expression des vues personnelles du rédacteur. Effectivement on est étonné de voir un pareil article dans un journal russe, et vous avez parfaitement raison de n'attribuer la pensée qui l'a inspirée qu'à son rédacteur, qui, probablement, n'est même pas russe; tout notre pays, en effet, est diamétralement opposé à l'opinion qu'il a exposée, et le gouvernement de l'empereur Alexandre II a donné trop de preuves de ses tendances et de ses vues toutes nationales, pour admettre un instant la supposition qu'il veuille se séparer de l'opinion de toute la nation dans une question qui ne regarde même pas les intérêts du pays, et qui est contraire aux convictions de tous les Russes, qui n'ont jamais envisagé le pouvoir temporel d'aucune Église comme nécessaire à son existence, à commencer par la leur.

Si ce singulier article a pu induire en erreur quelques étrangers, nous protestons hautement contre l'opinion erronée qu'il a pu faire naître.

Agréez, etc.

Monsieur le Directeur du *Nord*,

Votre correspondant de Saint-Pétersbourg (*Nord* du 20 janvier) communique que le nouveau ministre de l'instruction publique a demandé à l'Empereur
l'autorisation de ne pas occuper l'hôtel du
ministre, pour l'affecter à un gymnase
dont le besoin se fait sentir. C'est une
bonne et sage action, qui prouve que
M. Golovnine est devenu ministre sans
cesser d'être citoyen et que les préoccu-
pations égoïstes lui sont complétement
étrangères; aussi pour prévenir toute supposition malveillante, votre correspondant
ferait bien de communiquer quelle est la
somme qui lui sera assignée pour frais de
location, en échange du somptueux hôtel

à la jouissance duquel il a si noblement renoncé. Quand on voit tous les palais que ses confrères occupent, quand on additionne toutes les sommes qu'a coûtées leur acquisition ou leur construction avec leurs ameublements, quand on calcule toutes les dépenses que ces palais réclament encore annuellement pour leur chauffage, pour leur éclairage, pour leur remonte, pour leur service, et qu'on y ajoute toutes les dépenses extraordinaires qu'amène avec soi chaque changement de ministre, on est effrayé du total, et on se demande involontairement pourquoi ce luxe effréné dans un pays qui a le bonheur de conserver son gouvernement normal, qui, comme tel, n'a, par conséquent, pas besoin de draper ses agents dans ces

fastueux oripeaux pour les faire respecter
et pour imposer aux masses, preuve en
est qu'à Saint-Pétersbourg on voit encore
la petite maison d'où le comte Araktchéév,
de redoutable mémoire, faisait trembler
les ministres eux-mêmes. Quelle a donc
été l'origine de l'idée première de vouloir
loger les ministres dans des palais dignes
de souverains ? On prétend qu'Alexandre I⁰ʳ à son retour de Paris, où il a eu tant
d'ovations, tant de justes satisfactions d'a
mour-propre, en a rapporté d'agréables
souvenirs. Son entourage, alors, comme
tous les entourages des souverains, voulant
lui complaire à tout prix, proposa de créer
à Saint-Pétersbourg une espèce de Palais-Royal, à l'instar de celui de Paris.
Naturellement l'idée plut, les plans furent

tracés, un quartier de la ville fut destiné
à cet usage et bientôt une partie des édifices projetés s'éleva comme par enchan-
tement. Sur ces entrefaites, les opinions
changèrent, on reconnut que le climat de
Saint-Pétersbourg ne se prêtait pas aux
réunions publiques à la belle étoile, que
la ville n'avait pas assez d'habitants pour
animer par leur présence les immenses
édifices projetés, d'autant plus que le
peuple proprement dit n'est pas encore
admis à prendre sa part de plaisirs et de
distractions dans les réunions publiques;
enfin, que le jeu et les plaisirs faciles, qui
à cette époque faisaient le principal at-
trait du Palais-Royal, ne devaient pas
être introduits et propagés chez nous. La
construction fut donc arrêtée et les édi-

fices colossaux, qui étaient déjà élevés res-
tèrent longtemps inachevés, comme un
triste témoignage de l'inutilité des sommes
dépensées. Pour effacer l'impression dé-
favorable que produisaient ces édifices
abandonnés, il fallait les utiliser d'une
manière ou d'une autre, mais comme
leur dimension était trop grande pour
pouvoir en faire un usage pratique et
utile, on en affecta une partie à l'administration des théâtres, une autre à l'habita-
tion du ministre de l'instruction publique
et une troisième à celle du ministre de l'intérieur; ce dernier à lui seul reçut un bâtiment contenant plus de cent pièces, à
la vérité très-peu confortables pour être
habitées, et tous ces différents emména-
gements ont encore coûté d'énormes

sommes. Cet exemple fut contagieux, et les ministres habitent maintenant, aux frais du pays, de fastueux palais.

Ah ! si l'on voulait employer tous ces palais à différents établissements d'utilité publique, en donnant à chaque ministre un traitement supplémentaire pour se loger, que d'économies on réaliserait, que de murmures on étoufferait, que de bien on ferait et que de bénédictions on recueillerait !

Agréez, etc.

—

Monsieur le Directeur du *Nord*,

C'est avec le plus vif intérêt que nous avons lu dans *le Nord* du 28 octobre une remarquable lettre de Turin d'*un de vos plus anciens abonnés italiens*, datée du 20 octobre, sur la question romaine. Plus cette lettre a de valeur, plus elle témoigne de l'esprit observateur de votre correspondant, et plus on est étonné d'y trouver une assertion qui n'est que plaisante, bien qu'assurément, dans les intentions de celui qui l'a énoncée, elle ne soit rien moins que telle. Je veux parler de la phrase où il est dit que l'empereur de Russie est « patriarche de l'Eglise. » Si cette lettre tombait sous les yeux de Sa Majesté, cette idée le ferait assurément sourire ; quant à notre public, qui lit beaucoup *le Nord*, il sera surpris de voir rééditer une fois de plus une assertion réfutée maintes fois, dans les colonnes mêmes de votre journal, et qui est précisément le contraire de la vérité. Il est fâcheux de voir une idée aussi excentriquement erronée émise dans une lettre sérieuse, remarquable à tant d'autres titres, destinée à la publicité, et cela en l'an de grâce 1861.

Plus loin l'auteur de la lettre dit que, si le souverain Pontife abandonnait Rome, il emporterait avec lui le pouvoir spirituel. C'est là une opinion ultramontaine qui perd de vue que le pape n'est pape que parce qu'il est évêque de Rome, et qu'un évêque n'a le droit de quitter sa chaire que provisoirement et uniquement dans les intérêts spirituels de son Église, mais non dans des vues temporelles; or, comme l'Église n'est pas menacée à Rome dans le sens spirituel, l'évêque de Rome n'a aucune raison légale d'abandonner sa chaire, qui, en pareil cas, devrait être regardée comme vacante, et alors un autre évêque devrait être élu à sa place, attendu qu'on ne peut faire de Rome une paroisse. Mais la conséquence de cette nouvelle élection serait que le nouvel évêque de Rome deviendrait de droit pape. On m'objectera qu'il y a plusieurs exemples que les papes ont quitté Rome en conservant leur pouvoir. A cela je répondrai qu'il y a eu aussi des anti papes, qu'on ne peut plus faire maintenant ce qui se faisait jadis à l'ombre de l'ignorance des fidèles, que dans notre siècle les papes, pas plus que les souverains du temporel, ne sauraient plus abandonner ni leur chaire, ni leur trône, dans l'espoir d'y revenir.

Grâce à la civilisation, les fidèles comme les sujets sauraient les remplacer, ce qui fait que cette menace ne présente qu'un danger imaginaire.

En un mot, Monsieur, il est très-fâcheux que ces deux erreurs se soient glissées dans une lettre aussi remarquable; la première prouve la peine qu'ont les idées justes et exactes à faire leur chemin même dans les intelligences les plus cultivées, et la seconde dénote l'oubli qu'on est disposé à faire, dans l'étude de la question romaine, des principes élémentaires et des données essentielles du problème actuel. Depuis que la question romaine s'est posée devant toute l'Europe, chacun se prend à discuter les affaires de l'Église sans l'avoir étudiée à fond; c'est pourquoi il y a beaucoup d'auteurs qui se fourvoient comme vient de le faire même un homme d'État, un littérateur distingué, un historien éminent. C'est comme si tout le monde se mêlait de parler astronomie sans l'avoir étudiée, à la première apparition d'une nouvelle comète qui, comme Rome, s'attirerait tous les regards.

Agréez, etc.

—

Monsieur le Directeur du *Nord*,

A l'occasion du récent réveil des nationalités et du succès que cette sainte cause a obtenu dans quelques parties de l'Europe, l'ultramontanisme et les principes oligarchiques, se sentant repoussés de partout et poursuivis jusque dans Rome même, ont ranimé, en s'abritant sous le masque de la liberté, la question de la nationalité polonaise. Ils ont espéré et espèrent encore transporter leur propre lutte sur ce terrain imbu d'ultramontanisme et d'idées féodales, et livrer peut-être avec plus de chances de succès une bataille décisive sous le drapeau polonais. Pour se concilier en même temps l'opinion publique, dont ils sont bien forcés de reconnaître la puissance, ils ont tant crié à l'oppression, à la persécution et même au martyre, qu'ils ont fini par s'attirer les sympathies de la presse libérale, trompée par sa générosité même, et à faire prendre les oppresseurs pour les opprimés.

Que la presse libérale se soit méprise, il n'y a rien là qui doive nous étonner, ne lui parlait-on pas de la reconstitution d'un peuple, de liberté, de droits violés ! Mais on est persuadé chez nous que cette méprise ne saurait résister longtemps à la vérité et que la main que ces journaux ont imprudemment tendue aux feuilles réactionnaires, ils la retireront bientôt.

Une fois que la vérité aura fait tomber les masques et que sa lumière aura fait évanouir les fantômes qu'on a promenés devant l'Europe, nous ne doutons pas que les Polonais s'inclineront eux-mêmes devant les décrets de l'histoire en renonçant au retour d'un passé impossible au dix-neuvième siècle, et d'autant plus impossible qu'il serait contraire au principe

même des nationalités qu'ils invoquent
et sous la protection duquel ils se pla-
cent.

Loin de contester aux Polonais le droit
de prétendre à l'autonomie de leur pays,
nous trouvons au contraire ce sentiment
parfaitement naturel; seulement on est
persuadé ici que, pour y arriver, les Polonais devraient commencer par renoncer
à toute velléité de dominer sur d'autres
nations qu'ils ont pu jadis posséder à titre
de conquêtes. En effet, s'ils s'appuient
sur ce droit de conquête, on leur contes-
tera à eux-mêmes, et, à juste titre, tout
droit à une existence propre, vu qu'il y a
longtemps que la Pologne elle-même appartient à d'autres États plus puissants.
Les Polonais, en admettant même les

chances les plus favorables, ne pourront donc jamais prétendre qu'à devenir une nation indépendante fort petite, et cela d'autant plus que les auxiliaires puissants qui les ont aidés à s'étendre jadis ne peuvent plus que les gêner aujourd'hui ; car l'ultramontanisme, qui faisait leur force, est discrédité et regardé comme l'ennemi le plus cruel de la société. Quant au principe féodal avec tout son luxe et ses priviléges, qui jadis lui donnaient cet immense prestige dont on a tant usé et abusé, il n'inspire plus aujourd'hui aux masses la crainte et le respect, mais bien l'indignation et la colère.

Le temps n'est plus où une poignée de braves et nobles cavaliers à longues moustaches, à éperons dorés, en *coun-*

touches chamarrés, armés de sabres bien
effilés, et richement ornés, effrayaient par
leur tenue martiale et leur éclat les pau-
vres populations éblouies; maintenant
une pareille cavalcade les ferait sourire
comme la vue d'une troupe de baladins,
car aujourd'hui les peuples ont appris à
regarder en face sans reculer et quelquefois sans sourciller des engins plus ter-
ribles et qui n'ont pas toujours été invin-
cibles.

En supposant que les Polonais, après
mûre réflexion, se décident à borner leurs
prétentions à demander la stricte justice,
c'est-à-dire l'autonomie de la nationalité
purement polonaise, encore, pour former
au centre de l'Europe un État capable de
vivre aujourd'hui, devraient-ils d'abord

se réformer eux-mêmes et rompre franchement avec l'ultramontanisme, les souvenirs féodaux et les priviléges aristocratiques, principes qui ont pu avoir leur grandeur jadis, mais sur lesquels on ne saurait fonder une société moderne ; il faudrait qu'ils reconnussent hautement et sincèrement l'égalité de tous devant la loi, la liberté de conscience, enfin tous les principes de 89. Hors de là, la Pologne n'est pas possible, et, jusqu'à ce jour, il n'y aura que des Polonais et point de Pologne.

Voilà le jugement que portent chez nous les personnes qui ont étudié la question polonaise, et comme votre journal est celui qui a contribué le plus à répandre la vérité sur cette question, j'ai tenu

à vous communiquer l'opinion de mes
compatriotes ; mais je ne vous cacherai
pas, en terminant, que la majorité suppose en outre que ceux qui veulent représenter la Pologne en Europe ne parvien-
dront jamais à se réformer et ne renon-
ceront jamais aux prétentions du passé.

Agréez, etc.

—

Monsieur le Directeur du *Nord*,

Dans *le Nord* du 21 septembre, sous
la rubrique RUSSIE, on lit une correspondance de Varsovie adressée à la *Gazette
de Silésie*, qui dit, entre autres choses,
que beaucoup de propiétaires polonais
ne peuvent maîtriser leur colère de ce

qu'on commence à y mettre en pratique la régularisation de la position des paysans, et qu'ils ont le projet de présenter une pétition monstre à ce sujet.

Pour qui reconnaît la vérité incontestable que les événements historiques ne passent pas sans laisser de traces, et pour qui connaît l'histoire de la Pologne, il n'y a rien dans cette colère qui puisse étonner. La noblesse polonaise ne saurait, en effet, oublier qu'elle a, non-seulement dominé tout le peuple de ce pays, mais qu'elle y a régné en choisissant ses rois dans son propre sein, et cela d'une manière si large que chaque gentilhomme polonais avait le droit de prétendre à la couronne. Cet état de choses en faisait alors non une aristocra-

tie, comme dans d'autres pays, mais une
espèce de dynastie collective. Voilà pourquoi, depuis que la noblesse a cessé de
régner en Pologne, elle forme un prétendant collectif, qui s'irrite inévitablement
à chaque nouvelle mesure qui assure l'indépendance du peuple, parce que cela
l'éloigne du but de sa prétention. Comme
il n'y a pas eu d'exemple qu'une dynastie déchue ait su prendre son parti et renoncer à ses prétentions, il ne faut pas
reprocher à la noblesse polonaise cette
irritation, tout comme il serait puéril
d'espérer en faire un point d'appui pour
consolider le gouvernement qui l'a rem-
placée. Si tout nouveau gouvernement
peut toujours mériter l'amour et la fidélité du pays qu'il est appelé à gouverner,

en rendant le peuple plus indépendant et plus libre, par conséquent plus heureux, jamais il ne pourra parvenir à gagner l'affection et le dévouement de la dynastie qui l'a précédé. Demander cela à la noblesse polonaise serait en quelque sorte lui faire injure et s'exposer à de durs et inévitables mécomptes.

Maintenant qu'il y a, dans différents pays, des prétendants au pouvoir, on voit clairement que partout les nouveaux gouvernements se bornent à éloigner le peuple de leur influence et cherchent seulement à les faire oublier, en paralysant leur action, tout en respectant leur souvenir et leur laissant leur orgueil comme dernière consolation; mais aucun de ces nouveaux gouvernements ne s'é-

tonne de leur irritation et n'a la prétention impossible de se les attacher.

Mettant la justice au-dessus de tout,
j'ai cru devoir vous exposer, monsieur,
en peu de mots, la cause et l'excuse du
mécontentement regrettable mais inévitable de la noblesse polonaise.

Agréez, etc.

--

Monsieur le Directeur du *Nord*,

Votre correspondant de Saint-Pétersbourg communique (*Nord* du 28/16
avril, n° 119) qu'il a été alloué à l'évêque Borovski et à deux ecclésiastiques
qui l'accompagnent, comme frais de
voyage à Rome, pour assister à la canonisation des martyrs japonais, 16,000 r.

Il faut espérer que, cette fois, les ultramontains eux-mêmes n'appelleront pas
cela une persécution, parce qu'il est douteux qu'on trouve en Europe un second
exemple d'une pareille générosité dans
cette circonstance ; peut-être parce que,
dans tout autre pays, il ne serait même
pas question d'un pareil crédit, uniquement-
ment destiné à pourvoir à une chose qui
n'est ni agréable ni utile au pays et qui
peut-être cache une menace, et cela au
moment où la patrie a besoin de toutes
ses ressources pour satisfaire à ses besoins réels, multiples et urgents.

Voyant cette munificence à l'égard du
clergé, on se demande involontairement :
quelle somme immense a donc été allouée
à l'évêque Léonce, qui est venu derniè-

rement à Paris, consacrer une nouvelle
église? car cet évêque est de l'Église dominante; il a fait le voyage avec plus de
deux ecclésiastiques, avec des chantres,
avec toutes les attributions indispensables
pour un office pontifical et solennel, et
il l'a fait, non pour satisfaire à un désir
du pontife romain, qui est étranger au
pays, mais pour remplir un devoir indispensable et sacré; la présence de cet
évêque à Paris n'a servi qu'à constater
la confiance, la sympathie et la tolérance
mutuelle de deux puissants gouvernements et de deux grandes nations, et non
pas à appuyer quelques sourdes intrigues
peu favorables à tous les États, comme
cela pourra se passer à Rome, car il
serait trop naïf de croire que ce ne soit

effectivement que pour une canonisation qu'on y réunit les évêques. En un mot, il serait désirable, monsieur, que votre correspondant vous communiquât quelle somme a été allouée à l'évêque Léonce et que vous le fassiez connaître par la voie de votre journal. D'autant plus que tout le monde prétend que cette somme était si minime qu'il a eu de la peine à satisfaire au strict nécessaire, ce qui n'est pas probable ; parce qu'avec toute la tolérance imaginable, il n'y a pas de raison pour qu'on soit, en Russie, plus généreux envers un évêque de l'Église latine qu'envers un évêque de l'Église catholique d'Orient, à laquelle appartiennent presque la totalité de la nation, son gouvernement et l'Empereur lui-même. Si par hasard cette opinion était vraie, l'anomalie blessante, pour l'Église orthodoxe et pour le sentiment national, qui en est résultée n'a pu provenir que d'une seule cause : c'est que les deux évêques relèvent de deux autorités différentes : l'évêque Léonce du Saint-Synode et l'évêque Borovski du ministère de l'intérieur, et que ces deux autorités, appartenant au même pays, n'ont même pas jugé nécessaire de s'entendre. Si tel est le cas, ce serait une nouvelle preuve combien l'action isolée, toute-puissante et arbitraire des ministres est nuisible ; combien l'unité dans tout le ministère est indispensable et combien la responsabilité ministérielle est urgente.

Agréez, etc.

6 mai.

Monsieur le Directeur du *Nord*,

En tête du bulletin du *Nord*, n° 63, il est dit, entre autres, que les relations du gouvernement russe avec le pape ne pourraient être renouées que sur des bases nouvelles qui, *garantissant la liberté de conscience des catholiques*, prémuniraient le gouvernement russe contre tout empiétement de la Cour de Rome.

Permettez-moi de vous adresser, à ce sujet, les remarques suivantes :

En Russie, la liberté de conscience, pour toutes les confessions, est garantie par la loi, et, en cas d'infraction de la loi, chaque citoyen a droit de recourir à la protection du législateur lui-même, qui couvre tous ses sujets, de toutes confessions, de son auguste égide.

De quelle garantie pourrait-il donc
être question? Ce ne saurait évidemment
être que de la garantie contre l'autorité
suprême elle-même. Une pareille supposition paraîtrait toute naturelle dans un
pays constitutionnel comme la Belgique,
mais non en Russie, où l'idée d'un pareil
régime n'a encore pénétré ni dans le pays
ni dans le gouvernement. Dans cet état
de choses, toute garantie sur un seul point
serait une anomalie, et toute garantie accordée aux sujets d'une seule confession
serait une injustice flagrante qui ne saurait être commise sous le règne actuel et
serait peu praticable dans le siècle où
nous vivons. Croyez, monsieur, que désormais la Russie ne comprendra plus la
coexistence de deux souverainetés dans

son pays quand l'une d'elles siége à l'é-
tranger, comme c'était jadis le cas pour
les patriarches de Constantinople ; aussi
aucune garantie autre que celle qui existe
ne saurait être donnée exclusivement aux
catholiques, tant que la Russie conservera son mode de gouvernement actuel,
qui est incompatible avec un concordat,
quel qu'il soit, comme l'expérience l'a
suffisamment prouvé, sans parler du peu
de sympathie dont jouit l'autorité du
pape dans notre pays, sentiment qui mérite aussi d'être pris en considération.

Agréez, monsieur, l'expression, etc.

Paris, 4 mars 1868.

9.

Petites causes et grands effets.

On ne peut dire que, depuis le partage du royaume de Pologne, il n'a jamais été rétabli, car en 1815, quand le grand-duché de Varsovie est passé sous le sceptre de l'Empereur de Russie, ce souverain n'a pas pris le titre de roi, *Korole*, de Pologne, mais celui de *Tsar*, et ce pays n'a jamais été nommé royaume, *Korolevstvo*, mais *Tsarstvo* de Po'ogne. Depuis lors les souverains qui ont succédé à Alexandre Ier n'ont jamais porté que le titre de *Tsar* de Pologne, comme ils sont *Tsar* de Kasan, *Tsar* d'Astrakhan, *Tsar* de Sibérie et *Tsar* de Géorgie. Tous ces pays, se trouvant sous le même sceptre, devaient naturellement finir par se fondre en un seul État, et leurs titres ne peuvent se conserver que dans le grand titre impérial, comme des souvenirs glorieux et comme des fleurons de la grande couronne de Russie. Malgré cela on ne cesse de citer ce terme de *royaume* de Pologne, parce que jadis on a incorrectement traduit le titre de *Tsar* par celui de *Roi*, et le mot *Tsarstvo* par celui de *Royaume*. Cette infidèle traduction fut consacrée par l'usage, ce qui a peut-être contribué à fausser l'opinion publique à l'endroit de la Pologne, car les fausses dénominations font souvent naître les fausses opinions, qui peuvent nourrir de fausses espérances. Cela prouve à quel point il est indispensable que les diplomates connaissent bien et observent strictement l'esprit de la langue de leur pays; le français, en effet, est adopté pour la facilité de leur travail mutuel, mais seulement pour cela, et cette langue ne saurait être obligatoire pour tous les peuples que peuvent regarder les actes diplomatiques.

Paris, 26 avril 1868.

—

Monsieur le Directeur du *Nord*,

Le 4 de ce mois je vous ai adressé quelques mots pour réfuter la nouvelle, qu'on a cherché à répandre, du rétablissement des relations diplomatiques du cabinet russe avec celui de Rome, et maintenant je viens de lire dans *le Nord* une dépêche télégraphique de Saint-

Pétersbourg qui confirme mon dire. Cette confirmation était facile à prévoir pour quiconque connaît bien la nation russe et sait apprécier son gouvernement actuel, lequel n'étant pas un gouvernement d'aventures, ne saurait être exposé ni aux soubresauts politiques ni aux expédients. Cela est surtout vrai depuis que ce gouvernement est franchement entré dans la large voie de la politique purement nationale, qui ne peut être que celle qui s'inspire des sentiments et des intérêts de la majorité de la nation. Dans les gouvernements représentatifs, c'est la majorité du Parlement qui veille aux intérêts de la nation et redresse au besoin les erreurs des ministres; mais dans les pays où c'est le gouvernement lui-même qui représente le pays , c'est à lui qu'incombe ce devoir sacré, auquel le gouvernement russe ne faillira certainement pas.

Agréez, etc.

Paris, 18 février 1866.

—

Monsieur,

On ne peut méconnaître le zèle que mettent quelques-uns des correspondants de votre journal à réfuter les accusations de la presse étrangère contre les prétendues vues ambitieuses et velléités guerrières du gouvernement russe ; mais il est douteux qu'ils y réussissent, car les meilleurs raisonnements, la logique et les preuves même sont impuissants à lutter contre les idées préconçues et le parti pris. En voici une nouvelle preuve : pas plus tard qu'hier, quelques journaux de Paris ont de nouveau annoncé le prochain rétablissement des relations inutiles du gouvernement russe avec la Cour du souverain Pontife, avec accompagnement d'ambassadeur d'une part et de nonce de l'autre, et cela au moment où l'existence même de la souveraineté romaine est plus que compromise, puisqu'elle n'existe plus par le miracle de la croix, mais par les merveilles du fusil Chassepot. En lisant cette nouvelle on se demande involontairement quelle opinion la presse étrangère peut avoir de la valeur des hommes d'É-tat russes pour admettre une pareille

supposition ? Croit-on donc à l'étranger
que ces hommes d'État connaissent moins
bien l'histoire de leur pays que tous les
habitants de l'empire qu'ils gouvernent ?
Croit-on que ces élus de la nation russe
puissent être facilement influencés par
une intrigue jésuitique, par conséquent
nuisible à la Russie, et que le dernier
des Russes reconnaîtrait immédiatement
et qu'il repousserait avec indignation ?
Est-ce que ces journaux supposent que le
gouvernement russe, qui a donné tant de
preuves de sagesse et de fermeté, puisse
changer ses résolutions du jour au lendemain sans nulle nécessité pour le pays,
au risque de devenir anti national, par
conséquent impopulaire dans son pays ?
Il est incontestable que telle serait la

triste mais inévitable conséquence de la mesure annoncée par les journaux, ce qui devrait suffisamment prouver la fausseté de cette nouvelle.

Agréez, monsieur, etc.

Paris, 4 février.

—

Monsieur,

La première correspondance de Saint-Pétersbourg du *Nord*, 14 mai, signale le fardeau croissant d'affaires qui pèse sur quelques ministres et en particulier sur celui de l'intérieur. Cet inconvénient, si on n'y porte remède, ne fera que s'augmenter tous les jours, au point que cette machine administrative qui fonctionne déjà difficilement finira par s'enrayer.

Pour s'en convaincre, il suffit de prendre
en considération qu'à l'époque où M. Spé-
ransky rédigeait le projet des ministères
en Russie, il n'avait devant lui qu'une
population peu nombreuse, car alors il
n'y avait que les classes privilégiées qui
jouissent des droits de citoyens et celles-
ci se trouvaient agglomérées dans les capitales et les grandes villes : ce qui ren-
dait l'administration facile et la centralisation possible. Maintenant que la Russie
a changé du tout au tout, que grâce aux
réformes de l'empereur Alexandre, toute
la nation russe, sans exception, est re-
venue à la vie, le nombre des citoyens du
pays est devenu innombrable, et ils sont
disséminés sur l'étendue incommensu-
rable qu'embrasse l'empire. Dans ces

conditions, il est évident que le système de centralisation n'est plus possible, d'autant plus qu'avec le développement de l'industrie et du mouvement matériel et intellectuel, qui s'est déjà accentué dans toute la Russie, tous les jours il surgira de nouveaux besoins et de nouveaux intérêts auxquels le gouvernement sera obligé de satisfaire. La décentralisation deviendra indispensable pour cela. Mais pour tendre vers ce but inévitable, il ne faut pas perdre de vue que si avec le système centralisateur un certain arbitraire des grands pouvoirs, qui fonctionnaient sous les yeux mêmes du souverain, pouvait à la rigueur suppléer au manque de lois précises, il ne saurait en être de même avec la décentralisation.

C'est pourquoi il sera indispensable de mettre un terme définitif à tout arbitraire dans l'empire et de soumettre tous les pouvoirs exécutifs à l'autorité de la loi.

Le législateur auquel la Russie doit sa résurrection, a sagement fondé *les zemstvos* provinciaux, sur lesquels tous les mini stres peuvent se décharger du trop-plein des affaires qui viendraient les inonder, s'ils voulaient conserver la centralisation qu'ils cherchaient autrefois à développer, au point qu'avant les dernières réformes, ils formaient presque des apanages. Et la preuve de ceci, c'est qu'ils avaient leur caisse et leurs finances particulières, indépendantes du contrôle de l'État, et fondaient même des écoles indépendantes du ministère de l'instruction publique. Maintenant les *zemstros* peuvent être facilement chargés de la gestion de toutes les affaires locales non politiques, et après l'expérience qui a été faite avec la réforme judiciaire, on ne peut plus douter qu'il ne se trouve dans le pays assez d'hommes capables, estimables et indépendants, pour remplir honorablement et avec succès le mandat de leurs électeurs, et qui seront prêts à se dévouer au bien public, à condition qu'ils ne soient soumis qu'à la loi mais non à l'arbitraire ; car il ne faut plus s'abuser : les Russes ne reconnaissent plus, pouvant se placer au-dessus de la loi, qu'un seul pouvoir personnel, c'est celui du souverain, auquel ils sont toujours prêts à se dévouer.

Monsieur le directeur du *Nord*,

Dans *le Nord* du 5 octobre, on trouve une lettre qui vous est adressée de Lemberg, dans laquelle on se plaint du peu de sympathie que manifeste une revue de Saint - Pétersbourg , *le Contemporain* (Sovrémennik) , pour le jeune organe de nos co - nationaux de la Gallicie , *le Solvo*. Il est évident que l'auteur de la lettre ne connaît pas bien notre pays , ni l'esprit de quelques-uns de nos journaux, et ne prend pas en considération que la famille de la presse européenne est devenue tellement nombreuse qu'inévitablement il doit se trouver dans son sein quelques faux frères. En réclamant l'indulgence pour *le Solvo* , on peut lui de-

mander d'être indulgent lui-même et de
ne pas exiger de chaque publiciste ce
tact qui fait apprécier la position difficile
d'un confrère estimable qui se trouve
sous le double joug d'un gouvernement
étranger et d'une aristocratie étrangère.
Qu'il ne s'y trompe pas, il ne suffit pas
d'écrire couramment le russe pour être
Russe, comme il ne suffit pas d'écrire
correctement le français pour être Français ; preuve en est que, dernièrement
encore, un éminent général français a
mis publiquement en doute la nationalité
d'un journal de Paris qui ne manifestait
pas des sentiments français. Pareil cas
peut se rencontrer dans tous les pays,
parce que ce n'est pas par la langue,
mais bien par les sentiments, par les

idées, par les principes, par les tendances qu'on appartient à telle ou telle
nation.

Au bout du compte, que peut faire au
Slovo l'opinion isolée d'un journaliste de
Saint-Pétersbourg, cette opinion fût-elle
même partagée par toute la société de
cette ville, ce qui n'est pas le cas, encore
ne devrait-elle avoir qu'une valeur relative à ses yeux en ce sens que Saint-
Pétersbourg n'est pas la Russie, n'est pas
même sa capitale, c'est-à-dire le cœur de
notre pays, mais seulement le siége de
son gouvernement, une splendide rési-
dence d'une Cour brillante et le centre
d'une puissance immense, qui, rayonnant
de là sur tout l'empire, attire à soi toutes
les richesses et toutes les forces vitales de

la Russie, pour les absorber ensemble avec toutes les ambitions et toutes les spéculations qui, alléchées par l'appât, gravitent de partout vers elle pour avoir leur part. Cette ville, n'étant pas le résultat du développement naturel et progressif de la nation, n'a pas de racine dans le pays; elle ne possède aucun monument, aucun souvenir national. On y trouve certainement de beaux temples, de beaux palais qui rappellent de puissants souverains, mais rien ne rappelle la nation; on y trouve même une belle forteresse que le pays envisage avec le même sentiment avec lequel, jadis, la France envisageait l'édifice qui existait à Paris sur la place qu'occupe maintenant la colonne de Juillet, c'est-à-dire

comme une formidable prison d'État ,
mais pas avec ce sentiment d'orgueil, de
quiétude et de reconnaissance avec lequel les peuples contemplent les forte-
resses qui les ont protégés et défendus
contre l'ennemi ; car dans ce sens, celle
de Saint-Pétersbourg a conservé jusqu'à
cette heure toute sa virginité. En un mot,
cette ville n'est pas née de la nation,
mais de la volonté spontanée d'un
homme, qui l'a violemment jetée à côté
de races étrangères, sur les confins les
plus inhospitaliers et les plus insalubres
du pays, en lui donnant même un nom
etranger, que le peuple, dans l'intérieur
du pays, prononce jusqu'à présent difficilement, et quelquefois ne connaît même
pas. Voilà pourquoi cette ville frontière,

subissant, comme toutes ses pareilles,
l'influence de races avoisinantes, est devenue, dès son origine, non pas russe,
mais cosmopolite. Ce qui lui donnait encore un certain prestige dans le pays ce
sont les belles légendes qu'on répétait,
jadis, de père en fils, sur les vertus, la
sagesse, la magnanimité et les bienfaits
de son merveilleux fondateur; mais depuis que la lumière de l'histoire a fait pâ-
lir cet astre, ce seul et unique prestige
national de Saint-Pétersbourg s'est éva-
noui; et maintenant, comme la volonté
d'un seul homme l'a créé, la volonté d'un
seul homme pourrait l'anéantir du jour
au lendemain, et cela rien qu'en dépla-
çant le siége du pouvoir : ce qui ne saurait être le cas des capitales qui sont le

résultat du développement national, comme Kiev ou Moscou. Cette dernière ville, par exemple, existe en dépit de tous les désavantages de sa position, quoi qu'elle ne possède ni port de mer, ni fleuve navigable, ni terres fertiles dans son voisinage, ni abondance de combustible, ni matériaux de construction; elle existe et elle existera bien qu'elle ait perdu le siége du gouvernement et la présence de la Cour, qui attire depuis cent cinquante ans tout à soi, à Saint-Pétersbourg.

La ville de Moscou existe donc parce qu'elle est devenue capitale de la Russie, non par la volonté d'un homme, mais par l'effet du développement national, parce que l'histoiré de la nation est inséparable

de l'histoire de Moscou, parce que cette
ville est pleine de souvenirs dont la nation
a le droit d'être fière et doit lui être re-
connaissante ; parce qu'un observateur
intelligent y reconnaît encore les traces
des luttes sanglantes qu'elle a soutenues
contre les Tartares pour l'indépendance
du pays, et devine encore les endroits où
se sont réunis plus d'une fois ses repré-
sentants pour décider de ses destinées.

Indépendamment de ces souvenirs sacrés pourtout Russe, on y voit le monument de deux grands citoyens, gloire suprême de la Russie, qui, dans un moment
désespéré, ont fait appel à la nation, se
sont mis à sa tête, et, avec ses forces
seules, ont sauvé son indépendance ; enfin, tout y rappelle l'époque poétique

de 1812, quand cette antique cité, en véritable mère de la nation, s'est offerte en holocauste et a subi, sans murmurer, le baptême du feu pour le salut commun du pays.

Qu'on ne cherche donc pas pour le *Slovo* les sympathies des rives de la Néva, mais celles de la nation russe, qui, malgré la répugnance et la méfiance que lui inspire tout ce qui vient d'Autriche, saura toujours reconnaître la voix de ses frères, si elle est sincère, et ne les confondra jamais dans sa haine avec leurs oppresseurs.

Agréez, etc.

Monsieur le Directeur de l'*Union chrétienne*,

Personne ne peut contester que l'*Union chrétienne* n'ait déjà beaucoup fait pour dissiper les calomnies malveillantes et les préjugés de l'ignorance, qui malheureusement maintiennent jusqu'à présent la séparation des Églises chrétiennes; et après l'événement qui vient de jeter la consternation dans toutes les âmes honnêtes, on serait tenté de croire que la Providence elle-même a voulu se servir d'un attentat odieux contre une auguste tête pour accélérer cette union tant désirée de tous les vrais chrétiens, parce que ce crime a fondu dans le même sentiment d'indignation tous les fidèles de

toutes les confessions; et c'est ce même
sentiment qui a réuni le fils aîné de
l'Eglise romaine , le premier fils de
l'Église orthodoxe d'Orient et le principal
protecteur de l'Église protestante au pied
du même autel, où les trois grands poten-
tats se sont humblement agenouillés pour
y confondre leurs prières devant Dieu.

C'est un acte que l'histoire ne manquera pas d'enregistrer, parce qu'il a été
accompli spontanément, sous l'inspira-
tion d'un sentiment sublime, digne de la
grandeur de ceux qui l'ont accompli. En
appréciant cet événement mémorable à
sa juste valeur, qui oserait affirmer qu'il
n'a été que fortuit, et que ce n'est pas le
doigt du Dieu de paix et de charité qui
l'a indiqué. Puisse ce bel exemple ap-

prendre à toute la famille chrétienne à se tolérer pour apprendre à s'aimer, pour se fondre enfin dans la vérité chrétienne qui ne peut être qu'une !

Agréez, etc.

—

SIMPLES QUESTIONS.

Le trône temporel du chef spirituel des musulmans est ébranlé à Constantinople par les souffrances séculaires qu'il fait endurer à ses sujets chrétiens. Tous les gouvernements et toutes les nations chrétiennes compatissent à leurs souffrances, mais, par respect pour le principe de non-intervention, se résignent à voir couler leur sang et ne viennent pas à leur secours, à l'exception des Polonais, qui seuls accourent, non pour défendre les populations souffrantes, mais pour soutenir la dure autorité souveraine du Sultan sur les victimes de son omnipotence. D'autre part, et en même temps, on voit un autre trône temporel, celui du chef spirituel des catholiques, encore plus compromis, et tous les gouvernements, par respect pour le même principe de non-intervention, également s'abstiennent de toute immixtion dans la question romaine, c'est-à-dire, immixtion matérielle: mais, en revanche, beaucoup de leurs sujets catholiques qui n'ont pas besoin de se conformer aux combinaisons politiques, sont accourus à Rome pour couvrir le pape-roi de leur poitrine. On y voit : des Belges, des Allemands, des

Suisses, beaucoup de Français, etc., etc., mais pas de légion polonaise comme en Turquie.

A quoi attribuer, dans les circonstances actuelles, cette absence de Rome des Polonais, réputés les plus catholiques, et pour lesquels le Pape a toujours manifesté tant de sollicitude?

Serait-ce les Polonais qui ont abandonné Rome dans la détresse, ou Rome qui les repousse?

Serait-ce la Pologne qui s'est toujours servie de la papauté comme d'une arme, tant que les papes étaient puissants, ou serait-ce les papes qui se sont toujours servis de la Pologne comme d'une arme, tant que la Pologne était forte?

Serait-ce enfin la papauté et la Pologne qui se repoussent comme des auxiliaires compromettants, parce qu'elles sont devenues toutes deux impuissantes?

Comment expliquer cette préférence accordée par les Polonais au Sultan sur le Pape?

(*Le Nord*, du 19 octobre 1867, numéro 292.)

———

Monsieur le directeur du *Nord*,

Dans *le Nord* du 8 juin, on lit la traduction d'un article de *l'Invalide russe*, qui s'étonne de ce que, après les démonstrations de reconnaissance des paysans polonais pour le gouvernement russe, qui les a affranchis, les tentatives pour agiter l'opinion publique en faveur d'une Pologne fantastique ne cessent pas en Europe.

Cette persistance s'explique par le double caractère aristocratique et clérical du mouvement qui s'est manifesté dans ce malheureux pays; l'affinité de ces deux principes, dans le cas dont il s'agit, a été dernièrement hautement reconnue même par M. de Montalembert, qui s'y entend, car il dit dans sa brochure : *Le Pape et la Pologne*, page 8 : « *A l'heure qu'il est, il n'y a de vraiment grand en Europe que deux opprimés : le pape et le peuple polonais.* » Evidemment, l'auteur ne veut voir ce peuple que dans les classes privilégiées, sans prendre en considération que ce sont justement elles qui ont toujours opprimé le véritable peuple jusqu'à faire perdre le souvenir de son existence. Ce qui fait que, pour se rendre compte de la cause de la persistance dont se plaint *l'Invalide*, il faut commencer par étudier si c'est l'aristocratie polonaise qui s'est servie du clergé pour faire réussir son soulèvement, ou si c'est le clergé qui l'a fomenté en se servant des classes privilégiées comme d'une arme.

Il faut supposer que c'est la dernière hypothèse qui est la vraie. En effet, les bienfaits dont l'empereur Alexandre vient de combler le véritable peuple polonais lui ont gagné toute l'affection de ce peuple et toute sa gratitude, ce qui a paralysé toutes les menées égoïstes des autres classes et a fait taire tous les comités soi-disant nationaux ; or, c'est précisément au moment où ce bienfaisant silence commençait à s'établir, que le pape a pris lui-même la parole en prenonçant un discours mémorable qui n'a pu que raviver les sentiments révolutionnaires qui ont labouré la Pologne.

Cette vérité une fois acquise, on peut dire, sans craindre de se tromper, que tant que le clergé ne sera pas également désarmé dans ce pays, tant qu'il pourra conserver sa position aggressive, tant qu'il ne sera pas mis dans la nécessité absolue de respecter les lois du pays à l'égal de tous les autres citoyens, tant que l'Église n'y sera pas mise au service de la société et pourra conserver la prétention de mettre la société à son service, tant qu'elle ne sera pas limitée aux strictes obligations de ses devoirs purement spirituels, tant que le clergé conservera ses couvents, dont l'existence n'est pas une condition de la prospérité d'une Église, et qui, dans ces derniers événements, n'ont servi que de foyers de révolution, de dépôts d'armes, de munitions, de presse clandestine et de laboratoires pour empoisonner les poignards des assassins, etc., etc., jusque-là *l'Invalide* ne devra pas s'étonner que les amis de la Pologne fantastique continuent à agiter les esprits, parce qu'ils ne verront, même dans le calme qui pourra s'établir dans le pays, qu'une trêve, et peut-être n'auront-ils pas tort.

Agréez, etc.

Monsieur le Directeur du *Nord*,

Bien que la question polonaise semble être assez élucidée pour que l'opinion publique puisse définitivement se prononcer, soit en se rangeant sous le drapeau de M. de Montalembert, qui s'en est fait le champion, soit en suivant M. Proudhon, qui s'en est déclaré l'adversaire, je crois devoir recommander à l'attention publique une brochure qui vient de paraître sous le titre : *La vérité vraie sur la Pologne*, dont votre journal n'a pas encore parlé.

Loin de partager les opinions de l'auteur sur les traités de 1815 et les événements récents de l'Italie, encore moins sur les rôles que d'augustes personnages

y ont joués, on ne saurait méconnaître
l'importance des notions historiques que
cet opuscule renferme et l'enseignement
qui en découle. Pour un lecteur attentif
et intelligent, il devient évident que ce
ne sont ni les actes diplomatiques, ni les
traités, ni la force qui peuvent cimenter
l'union de deux pays destinés à vivre sous
le même sceptre ; mais bien la commu-
nauté d'intérêts, l'égalité de droits, l'iden-
tité législative et l'uniformité d'administration. Alexandre Ier prenant, conformé-
ment à la décision des traités de Vienne,
possession du grand-duché de Varsovie
avec le titre de roi de Pologne, a bien
voulu appliquer à ce pays le régime représentatif, sans témoigner en même
temps la même marque de confiance et de

sollicitude bienveillante et libérale à la Russie. Cette préférence, en flattant l'aristocratie polonaise, a profondément humilié l'aristocratie russe, qui, à juste titre, croyait avoir plus de droit que la première à la confiance de ses souverains. Cette faute a empêché les deux aristocraties de s'entendre et de se fondre dans le même sentiment pour le souverain commun aux deux pays, ce qui a élevé une barrière insurmontable à tout rapprochement entre eux, parce qu'à cette époque le peuple ne comptait pas encore. Quelles en furent les malheureuses suites ? Chacun le sait.

Maintenant que partout, grâce à Dieu, on a reconnu au peuple aussi le droit de prétendre au bien-être et à la sollicitude des gouvernements qui, de leur côté, ont appris à travailler à son bonheur sans l'intermédiaire de l'aristocratie, il serait bien malheureux que la même faute dût se répéter en n'accordant pas au peuple des deux pays des droits et des avantages parfaitement identiques : comme la jouissance en propriété de la maison, de l'enclos et d'une portion de terre arable, ce qui vient d'être accordé à toute la population rurale en Russie, et en ne donnant pas au peuple du royaume la même organisation et administration communale, tout à fait indépendantes de l'aristocratie, ainsi qu'on vient de le faire dans l'Empire.

Il est incontestable que si la partialité, peut-être apparente, d'Alexandre Ier, a mis jadis obstacle à toute sympathie entre l'aristocratie des deux pays, et empêché par là le rapprochement des deux nations, qu'elle seule représentait à cette époque, maintenant la généreuse impartialité d'Alexandre II pourrait réparer victorieusement cette funeste faute, en confondant, non les deux aristocraties, mais les deux peuples dans le même sentiment de reconnaissance et de dévouement pour le magnanime souverain qui jusqu'à présent reste leur unique trait d'union. Une pareille union serait certainement plus solide et plus efficace que tout ce que pourrait imaginer la diplomatie et la stratégie, ou pourrait proposer l'aristocratie seule, pour atteindre ce but.

Agréez, etc.

Monsieur le Directeur du *Nord*,

Je viens de lire dans *le Nord* du 9 novembre une lettre d'*un de vos plus anciens abonnés italiens* dans laquelle ce correspondant réplique à deux rectifications que j'ai faites à sa lettre du 20 octobre. La première de ces rectifications répondait au passage où il était dit que l'Empereur de Russie est patriarche de l'Église russe. Je l'ai fait par respect pour la vérité, qui était méconnue, par respect pour notre souverain, qui était calomnié, et par respect pour la nation à laquelle j'appartiens, qui était froissée par l'opinion que votre honorable correspondant a énoncée dans sa lettre. Ce correspondant rétracte dans sa dernière

lettre le titre de *patriarche*, qu'il attri-
buait à l'Empereur de Russie, mais il en
maintient le sens, en prétendant que
Sa Majesté *cumule l'autorité laïque et
l'autorité religieuse, ou tout au moins la
suprématie ecclésiastique*. Si le maintien
de cette assertion n'est pas de parti pris,
ce que je suis loin de croire, je n'ai qu'à
conseiller à mon honorable contradicteur
de lire les numéros de l'*Union Chrétienne* où cette question a été savamment
traitée et parfaitement élucidée, ainsi que
la remarquable correspondance d'un
évêque de France avec M. l'archiprêtre
Vassiliev relative au même sujet, et que
vous avez insérée dans votre journal. Si,
par impossible, il ne tenait pas à être édi-
fié sur la vérité, tout ce que je pourrais

lui exposer serait évidemment inutile.
En conséquence, je me bornerai à dire
que son opinion, sur le cumul des deux
autorités spirituelle et temporelle dans la
personne de l'Empereur de Russie, n'est
pas plus juste que le titre de patriarche
qu'il lui avait donné et qu'il vient de ré-
tracter. Non, monsieur, pareille anomalie
n'a jamais existé et n'existe pas chez
nous, et notre Église est trop imbue de
sentiments de vénération pour son divin
fondateur, qu'elle reconnaît comme son
unique chef, pour reconnaître l'autorité
spirituelle de quelque homme que ce
soit. La preuve en est qu'elle a préféré
subir la malheureuse séparation des deux
Églises plutôt que de se soumettre aux il-
légales prétentions, à l'omnipotence de

l'évêque de Rome lui-même. Comment après cela supposer qu'elle consentît à reconnaître l'autorité spirituelle d'un souverain laïque qui n'est même pas investi de la prêtrise ?

Encore une fois, non, cette fusion de pouvoirs n'a jamais existé chez nous, mais elle a existé et existe encore à Rome, dont l'influence est si grande que, dans les pays qui professent la religion romaine, les plus hautes intelligences parviennent encore difficilement à comprendre un autre ordre de choses. De là cette tendance à voir le cumul de l'autorité temporelle et de l'autorité spirituelle dans la personne du souverain partout où on ne voit pas ce cumul dans le pouvoir ecclésiastique. Qu'on cesse donc de s'ingénier à découvrir une paille dans l'œil d'autrui tant qu'on ne débarrassera pas son propre œil de la grosse poutre qui est à Rome.

Répondant à ma seconde objection, qui ne m'intéresse d'ailleurs qu'à un moindre degré, votre honorable correspondant dit qu'en parlant du départ éventuel du pape, il supposait le cas où il sérait *exilé* ou *proscrit* de Rome. S'il s'était exprimé ainsi dans sa première lettre, j'aurais été peut-être de son avis, mais évidemment je ne pouvais de mon chef admettre une pareille supposition, voyant que la glorieuse révolution qui s'opère en Italie n'a été entachée d'aucune hostilité envers l'Église et n'a jamais manqué au clergé. A présent encore je ne puis m'imaginer ce qui pourrait provoquer de pareilles mesures, vu que je ne comprends pas en quoi la présence d'un vénérable ecclésiastique, quel que soit le degré de son élévation hiérarchique, peut gêner une nation qui marche victorieusement vers son indépendance. En effet, tout ce que nous voyons en Italie ne sort pas des limites du temporel, qui n'appartient qu'à la nation et ne peut-être que du domaine de l'État.

Désirant que la teneur de cettre lettre parvienne à la connaissance de celui qui l'a provoquée, je vous prie, monsieur, de ne pas lui refuser une place dans les colonnes de votre journal et de recevoir d'avance les remerciements de, etc.

Monsieur le Directeur du *Nord*,

On vient de lire dans *le Nord* du 18 novembre une adresse qu'on dit avoir été présentée à S. M. l'empereur Alexandre II par la noblesse de Moscou. Cet acte, s'il est authentique, prouverait que l'antique cité n'est pas déchue de sa haute position historique de première capitale de l'Empire, et que la noblesse russe mérite d'occuper le premier degré de l'échelle sociale, que l'organisation du pays lui accorde. Cette adresse, par sa teneur, est digne du souverain auquel elle est transmise, parce qu'elle est pleine de noble franchise, de respect, de confiance et de dévouement pour son auguste personne, et est en même temps exempte d'entraînement irréfléchi et d'égoïsme, vu qu'elle respire, non la sollicitude pour ses intérêts de caste, mais l'affection pour toute la nation, parce que les signataires n'y parlent pas de priviléges pour la noblesse, mais demandent humblement une juste faveur pour *tous les ordres de l'Etat*, ce qui prouve que la noblesse n'a pas été mue par un sentiment mesquin d'intérêt personnel, mais par un noble désir du bien de toute la nation, qu'elle voudrait voir, sans distinction, jouir des faveurs qu'elle sollicite de son souverain, comme du chef, non-seulement de la noblesse, mais de tout le pays. Il est donc évident qu'elle n'a pris l'initiative de l'adresse que comme l'aînée de la grande famille qui constitue la nation russe ; ce

n'est qu'à ce titre qu'elle mérite certainement qu'on lui prête une oreille bienveillante et attentive, et ce n'est qu'à condition que les vœux qui y sont exprimés
embrassent toutes les classes également,
qu'ils peuvent être exaucés, c'est-à-dire
pour le bien de tout le pays sans exception, et celui du gouvernement lui-
même.

Il est incontestable que si une pareille
adresse avait été présentée quelques mois
plus tôt, et qu'elle eût été favorablement
accueillie, nous n'aurions pas à déplorer
maintenant les événements qui se sont passés dans nos universités, événements qui
ont dû vivement affecter tout le pays et
le souverain ; nous n'aurions pas à les déplorer, dis-je, parce qu'alors ce n'est pas

des enfants irréfléchis qui seraient venus,
par une voie extra-légale, audacieuse-
ment réclamer contre une ordonnance
qu'ils trouvaient vexatoire, mais les pères
de ces enfants imprudents auraient, en ce
cas, fait une présentation calme, légale
et respectueuse ; le succès n'en aurait été
que plus sûr, parce que la justice personnelle du souverain ne saurait être révo-
quée en doute, et la jeunesse ne se serait
pas exposée à des mesures de rigueur,
maintenant peut-être indispensables, quoique toujours regrettables, parce qu'elles
peuvent laisser dans de jeunes cœurs un
ferment de mécontentement qui, ayant
pris naissance sur les bancs de l'école, ne
fait que se développer avec les années et
finit par produire des juges sévères et

même des ennemis de l'ordre de choses qui les a froissés au sortir de l'enfance. Nous en avons malheureusement quelques exemples frappants qui prouvent combien il peut être nuisible de jeter la semence de désaffection dans le cœur de la nouvelle génération.

On ne peut douter de l'accueil bienveillant qu'a dû faire un souverain aussi juste, aussi loyal et aussi sagement libéral que celui qui nous gouverne à une adresse aussi respectueuse, aussi sage, aussi loyale et aussi dévouée que celle dont votre journal a fait mention ; il n'est donc question que de savoir positivement si elle a été présentée. C'est pourquoi, monsieur, vous obligerez infiniment tous vous abonnés russes, dévoués à leur pays, en leur annonçant la confirmation de cette nouvelle ou en la démentant si elle est erronée.

Agréez, monsieur le Directeur, etc.

—

Monsieur le Directeur du *Nord*,

Je viens de lire dans *le Nord* du 7 janvier une lettre d'un prêtre de l'Eglise anglicane, M. George Williams, lettre provoquée par une des miennes, insérée dans *le Nord* du 25 décembre. Par respect pour le révérend M. Williams, je crois lui devoir quelques mots d'explication, et je commence par déclarer qu'en écrivant ma lettre, je n'avais d'autre but que de prévenir de fausses appréciations sur l'Eglise à laquelle j'appartiens, et non le désir d'attaquer quelque autre Eglise, surtout celle d'Angleterre, à laquelle je porte le plus profond respect, d'autant plus qu'elle a toujours manifesté de la sympathie pour la nôtre.

Si les souverains d'Angleterre ne sont pas chefs de l'Eglise dans leurs Etats et ne sont que souverains du personnel du clergé, qui leur doit soumission seulement à titre de sujets, ce que l'honorable M. Williams doit savoir mieux que moi, je suis enchanté de l'apprendre, parce que cela serait un obstacle de moins au rapprochement de nos deux Eglises. Si j'ai dit que l'Eglise d'Angleterre est une Eglise protestante et que la nôtre ne l'est pas, c'est parce que, après la déplorable séparation de l'Eglise primitive en celles d'Orient et d'Occident, l'Eglise d'Angleterre relevait de la dernière, c'est-à-dire du pape, et ce n'est qu'après qu'elle crut devoir repousser sa doctrine et son autorité suprême, en ne conservant que l'autorité de l'épiscopat dans son sein, qu'elle s'est constituée en Eglise indépendante et séparée de toute autre.

Je crois que cela peut être appelé une protestation officielle et même active, c'est pourquoi j'ai nommé l'Eglise anglicane : protestante ; tandis que l'Eglise de Russie a puisé même son origine à la source de l'antique Eglise d'Orient, s'est fondue avec elle, et non-seulement ne s'en est pas séparée, mais n'a jamais protesté contre aucune de ses doctrines qu'elle con-

tinue à observer comme siennes. Quant à
la doctrine romaine, notre Eglise se borne
à ne pas la reconnaître pour juste ; mais,
n'ayant jamais relevé de l'autorité des
papes, elle n'a jamais pu considérer leur
doctrine comme obligatoire pour elle, ce
qui fait que notre Eglise n'a jamais été
dans le cas de protester ni contre l'autorité ni contre la doctrine romaine ; et si
jamais elle y était obligée, elle ne pourrait
le faire qu'avec toute l'antique Eglise
d'Orient, dont elle fait partie intégrante,
et dont elle ne saurait être séparée. Voilà
pourquoi j'ai dit que notre Eglise n'est
pas protestante.

Je souhaite que ce court exposé des
faits, qui ont inspiré mes paroles, puisse
satisfaire le révérend M. Williams ; en

cas contraire, je m'avoue impuissant , comme laïque, à le suivre plus loin sur un terrain qui n'est pas le mien.

Dans l'espoir, monsieur, que vous ne refuserez pas à cette lettre une place dans votre estimable journal, je vous prie d'en agréer d'avance tous mes remerciements ainsi que l'expression des sentiments distingués de, etc.

Nice, 8 janvier 1864.

Monsieur le Directeur du *Nord*,

Sur le corps social comme sur le corps humain, il se manifeste quelquefois des symptômes maladifs plus ou moins graves, que des médecins inhabiles se con-

12

tentent de faire momentanément dispa-
raître par des palliatifs ou des moyens
externes, quelquefois même violents,
comme la pierre infernale ou la poudre à
canon, sans étudier la cause interne qui
provoque les symptômes qui attirent leur
attention. Il est incontestable que, par un
pareil traitement, on ne fait qu'invétérer
le mal et rendre les symptômes, qu'on a
voulu guérir, périodiques, et au lieu de
guérir le malade, on finit, les remèdes
aidant, par épuiser toutes les forces du
patient. Tel est malheureusement l'état
de la Pologne! Aussi, monsieur, on ne
peut méconnaître l'importance de l'exposé
historique : « sur la situation des paysans
dans le royaume, » inséré dans *le Nord*
du 20 janvier, parce que l'auteur y traite,

avec une autorité et une érudition incontestables, une des principales causes des convulsions qui se manifestent périodiquement dans ce pays ; l'auteur y est allé jusqu'au fond de la question qu'il traite, a mis au jour une des grandes plaies intérieures qui rongent le pays, en indiquant par là même le remède qui doit être appliqué pour arriver à une cure radicale. On ne saurait donc trop recommander cette étude historique à l'attention toute particulière de ceux qui sont appelés, par droit et par devoir, à traiter ce malade, autant qu'à ceux qui, par sympathie platonique, auraient par hasard l'idée de prendre part à la consultation. Tel doit être le vœu sincère de tous ceux qui déplorent les malheurs des peuples et veulent compatir aux souffrances des véritables opprimés en Pologne.

Veuillez agréer, etc.

23 janvier 1864.

—

Monsieur le Directeur du *Nord*,

En lisant les deux lettres de M. de Moller, sur *la question de Pologne et les traités de Vienne*, insérées dans les n°˚ 46 et 47 du *Nord*, on est frappé de la fermeté et de la persévérance avec lesquelles l'empereur Alexandre Iᵉʳ a poursuivi son but du rétablissement du royaume de Pologne, au risque de sacrifier ses bonnes relations avec ses alliés qui, dans cette circonstance, ne partageaient pas son opinion, et plus encore de compromettre sa popularité dans son propre pays, ainsi que les intérêts de la nation russe qui venait de donner une preuve si éclatante de son dévouement patriotique.

En rendant justice à cette énergie et à cette persévérance, on ne peut s'empêcher d'éprouver un regret profond qu'elles n'aient pas été employées pour une cause nationale. Quel progrès n'aurait pu faire en pareil cas la Russie ! Que de sang et de richesses lui eussent été épargnés !

Mais ces regrets sont superflus, et tout ce qu'on peut désirer, c'est qu'on profite des enseignements que portent avec elles la tentative de l'empereur Alexandre et ses suites.

Ces enseignements apparaissent clairement et peuvent se formuler ainsi : Les nations qui sont destinées à se fusionner doivent être régies par les mêmes lois ; — celles qui ne doivent se relier que par l'union personnelle du même souverain doivent être dotées d'égales libertés et jouir de droits politiques égaux ; s'il en était autrement, celle des deux qui serait la plus mal partagée se sentirait justement froissée par son propre gouvernement, et celle qui serait le plus largement dotée se sentirait presque humiliée de voir accolée à une nation dont le gouvernement lui-même se plaît à afficher hautement l'infériorité. Toutefois, s'il est une des deux nations qui doive être mieux partagée, c'est certainement celle qui est destinée à faire la base de l'Etat combiné, afin d'inspirer à la nation qui s'y rattache le désir de se rapprocher d'elle pour jouir des mêmes avantages, et non un sentiment de répulsion, naturellement provoqué par la crainte de perdre par un rapprochement les avantages et les prérogatives acquis. Ce sentiment de répulsion, la constitution octroyée par Alexandre Ier au royaume de Pologne était de nature à le provoquer.

Le sort de cette constitution prouve en même temps combien les gouvernements s'abusent quand ils prétendent s'attacher une nation, conquise ou annexée, en ne répandant leurs bienfaits que sur la classe privilégiée du pays, car tel a été l'esprit de la charte par laquelle

Alexandre Ier octroyait de grands droits, de grandes libertés politiques exclusivement à la noblesse polonaise, qui ne pouvait en être satisfaite parce qu'elle tire de ses souvenirs et de son histoire des prétentions qui touchent à la souveraineté; quant au peuple du royaume de Pologne, il ne gagnait rien à cette constitution. On connaît aujourd'hui les conséquences de cette faute.

Il est incontestable que la liberté et les droits politiques dont jouit un peuple ont, relativement aux autres peuples, une force d'attraction que rien ne saurait remplacer; c'est à cette force qu'il faut principalement attribuer les succès fabuleux des armes françaises au commencement de ce siècle en Italie et en Allemagne, tant que les peuples ne crurent pas apercevoir dans les plis de ce drapeau une arrière-pensée de domination; c'est à cette même force qu'il faut attribuer principalement la merveilleuse transformation du petit Piémont en grand royaume d'Italie.

Ce n'est que par cette même force d'attraction également qu'on peut s'expliquer quelques-unes des adresses du gouvernement d'Augustow à l'empereur Alexandre II, qui demandent l'annexion définitive à l'Empire de Russie; si ces adresses se sont produites, c'est que ce souverain a non-seulement aboli le servage dans son Empire, mais l'a remplacé par une population libre ayant ses droits et sa propriété territoriale, bienfait auquel le peuple de Pologne n'a jamais osé aspirer

Alexandre Ier n'a pas réussi à s'attacher la Pologne en prodiguant ses largesses à la noblesse, qu'il ne pouvait satisfaire dans ce pays qu'en abdiquant en sa faveur ; Alexandre II peut y réussir en faisant participer le peuple polonais au bienfait dont il a doté son peuple russe, qui, au lieu de se sentir froissé par là, se sentira heureux de voir partager son bien-être par un peuple qui a bien autrement souffert que lui sous le joug de l'aristocratie polonaise.

Recevez, etc.

Nice, 18 février 1864.

Monsieur le Directeur du *Nord*,

On remarque dans *le Nord* du 19 juin une correspondance particulière qui dit, entre autres, qu'un journal allemand, l'*Ostsee Zeitung*, affirme qu'en Russie 36 curés de l'Église latine ont exprimé le désir de fonder une Église indépendante du pape, à condition qu'on leur permît le mariage.

Probablement cette nouvelle n'est pas tout à fait exacte, parce qu'en Russie rien ne s'oppose à l'accomplissement d'un pareil désir, si réellement il existe, vu que personne n'y est obligé de se recon- naître dépendant du pape, comme le prouve la loi fondamentale de l'État qui, tolérant toutes les Églises étrangères, permet à tous les fidèles de ces Églises, sans nulle distinction, le libre passage d'une confession à l'autre. Quant au mariage, cette seconde question se résout par la solution de la première ; le célibat des prêtres ayant été imposé par le pape, l'obligation de l'observer cesserait naturellement pour ceux d'entre eux qui cesseraient de reconnaître son autorité, et comme la loi de l'État est loin de défendre le mariage, ces prêtres pourraient faire bénir le leur comme l'ont fait jadis les prêtres de cette même Église latine qui ont les premiers embrassé le protestantisme.

Le gouvernement russe tolère largement l'Église romaine dans ses États, mais n'a jamais eu mission de veiller à la stricte observance de toutes les lois des pontifes romains : la preuve en est que les papes recommandent à leurs prêtres la propagande, et la loi de l'État la défend ; les papes défendent à leurs fidèles de sortir du giron de leur Église, et la loi de l'État le permet ; les papes défendent les mariages mixtes, et la loi de l'État les autorise, etc., etc. Et comment le gouvernement russe pourrait-il mettre des entraves à l'exécution du projet susmentionné, quand il tolère l'Église protestante ? La fondation d'une Église indépendante du pape, dont parle l'*Ostsee Zeitung*, ne serait également qu'une protestation contre son autorité, avec la différence que cette Église ne ferait que renier cette autorité, tandis que toutes les églises protestantes qui existent ont plus ou moins touché aux dogmes mêmes.

Cela prouve que si le projet en question était réel, son exécution ne dépendrait que de ceux qui l'auraient conçu, et si ces curés voulaient conserver leur paroisse, ce n'est pas au gouvernement qu'ils devraient s'adresser, mais à leurs paroissiens, dont l'adhésion seule pourrait contribuer à la réalisation de leur désir.

J'ai cru devoir vous mettre au fait de quelques-unes des lois qui régissent cette question en Russie, pour prévenir de fausses interprétations et d'injustes reproches de despotisme qu'on ne fait que trop souvent à notre gouvernement.

Agréez, etc.

Kreuznach, 20 juin 1864.

—

Monsieur le directeur du *Nord*,

Dans *le Nord* du 19 octobre on lit une correspondance de Saint-Pétersbourg où il est question de l'accueil qui a été fait en Russie par la société et le conseil de l'Université de Moscou à la brochure de Schédo-Ferroti : *Que fera-t-on de la Pologne ?* En relatant ces faits, votre correspondant dit que c'est devenu presque un événement. Puisque événement il y a, il est permis de revenir sur ce sujet.

Comme témoin de l'apparition de cette

brochure à Saint-Pétersbourg, je puis vous confirmer la mauvaise impression qu'elle a produite dans le pays, qui a été choqué de la manière dont l'auteur a rompu en visière avec l'opinion du public russe, et de la présomption avec laquelle il a cru pouvoir lui imposer la sienne. De plus, on a été froissé du peu d'égard avec lequel il parle de la nation comme d'un troupeau incapable de former une opinion publique. Aussi est-il difficile de se rendre compte du motif qui a poussé à répandre cette brochure en Russie, et encore moins du but pour lequel on a voulu la faire connaître à la jeunesse, à moins qu'on ait eu l'intention de mettre la Russie à l'épreuve pour s'assurer si le réveil de l'opinion publique qui s'est manifesté l'année dernière, était réel ou s'il était artificiel, comme la malveillance a voulu le faire croire. Si c'est le cas, l'expérience a complétement réussi à l'honneur de la nation, et l'Université de Moscou a bien mérité du pays en prouvant jusqu'à l'évidence, par son acte énergique, que la Russie ne veut plus de cet élément dissolvant qu'on appelle le cosmopolitisme, et qui n'a eu que trop longtemps la vogue. Oui, il est évident que, grâce à l'initiative de son souverain, la Russie ne peut plus avoir à sa tête que des hommes foncièrement pénétrés du sentiment national, tels enfin qu'on les voit dans tous les grands États de l'Europe. Effectivement, qu'on dise par exemple en France que tel ou tel fonctionnaire, fût-il

même ministre, n'est pas animé de sentiments exclusivement français, ou en Angleterre de sentiments exclusivement an-
glais, personne n'ajoutera foi à une
pareille accusation, et au premier soup-
çon qu'elle pourrait être vraie, le fonctionnaire incriminé serait repoussé de
tous dans les deux pays. La Russie a pris
tant de choses de l'occident de l'Europe,
qu'il n'est pas étonnant qu'elle veuille
maintenant suivre aussi ce bon exemple.
Il est bon qu'on prenne cela en considération et qu'on cesse de chercher en Russie un parti russe, tout comme il serait
oiseux de chercher en France un parti
français ou en Angleterre un parti an-
glais. Mais c'est encore là une nouvelle
réforme? dira-t-on. Peut-être, mais celle-

là est facile à accomplir quand une grande
nation l'exige et qu'un grand souverain
prêche d'exemple.

Indépendamment de la question polonaise, dont la brochure en question ne
parle du reste que très-superficiellement,
on ne saurait y passer sous silence certaines idées qui frappent involontairement
le lecteur. Par exemple, l'auteur de la
brochure, qui connaît si bien notre pays,
parle de la consanguinité de nos provinces baltiques avec la Prusse, tandis qu'il
est notoire que le peuple, qui partout fait
la nation, n'y est pas allemand ; ce qu'il
ne manquera pas de prouver par sa tenue,
dès que son tour viendra de prendre aussi
sa part des bienfaits dont l'empereur
Alexandre a déjà comblé le peuple russe

et le peuple polonais. Mais une chose
non moins remarquable, c'est qu'en supposant évidemment allemandes ces provinces, l'auteur de la brochure les qua-
lifie de « Vendée russe ; » ce qui n'est
pas plus concevable qu'une Vendée an-
glaise en France. Si la Vendée, malgré
son peu de succès, a conservé l'estime
générale, c'est uniquement parce qu'elle
était éminemment française ; si elle ne
l'avait pas été, on l'aurait jugée autrement. Du reste, l'idée même d'une Vendée en Russie est inadmissible, parce que
la nation russe s'est toujours groupée autour de son souverain et que jamais le
souverain ne s'est séparé du pays ; et
cette idée est d'autant plus déplacée, que
jamais la fusion du souverain et de la

nation n'a été plus complète en Russie qu'en ce moment.

Ces quelques mots aideront, j'espère, à justifier la défaveur avec laquelle la brochure en question a été accueillie en Russie.

Agréez, etc.

Paris, 20 octobre 1864.

—

Monsieur le directeur du *Nord*,

Le poste que j'ai occupé, pendant quatorze ans, dans l'administration des cultes de l'Empire de Russie, m'a fourni les moyens d'étudier assez cette question pour me permettre d'apprécier l'utilité de la mesure qui vient d'être prise, à

13.

l'égard des couvents, dans le royaume de
Pologne ; et la lettre de **M.** de Moller à
ce sujet, que je viens de lire dans *le Nord*
du **9** décembre, me procure l'occasion
d'en parler pour rendre un sincère hom-
mage à la prudence, à la modération et
même à la générosité qui ont présidé à
l'élaboration de cette mesure. Mais, en
même temps, je crois qu'il est également
impossible de ne pas reconnaître l'importance et la justesse des observations con-
tenues dans ladite lettre de M. de Moller ;
car, effectivement, ce ne sont pas les
édifices des couvents qui peuvent être
utiles ou nuisibles à la société, mais bien
les moines qu'ils abritent ; ce qui fait que
ce ne sont pas ces édifices, mais les ordres monastiques auxquels appartiennent

les moines, qui doivent être protégés ou
poursuivis par la loi, selon le bien ou le
mal qu'ils font. Je dis : les ordres, parce
que les moines de chacun d'eux ne sont
que les membres d'un même corps ; aussi
on ne peut admettre l'excuse, qu'on veut
quelquefois faire valoir, que les actes criminels dont beaucoup de moines se sont
rendus coupables n'aient été que des actes
à eux personnels et contraires à l'esprit
et au but de leurs ordres respectifs ; car,
en pareil cas, il est certain qu'ils eussent
été immédiatement désavoués par leurs
autorités spirituelles mêmes, qui sont trop
jalouses de leur pouvoir et de leur indépendance pour ne pas prévenir, par leur
propre condamnation, l'immixtion forcée
du pouvoir temporel dans leur domaine,

si elles n'approuvaient pas secrètement les actes de leurs subordonnés. Ce qui fait que, si la mesure qu'on vient de prendre est un acte de justice, elle est incomplète, parce que la justice n'admet pas de compromis ; et si elle est un acte de prudence préventive, elle est insuffisante, parce qu'en restreignant seulement le nombre de ces foyers de rébellion, on ne fait que rendre la surveillance du gouvernemont plus facile, sans extirper le mal.

Le remarquable rapport de la commission qui a été chargée d'étudier les actes des moines du royaume de Pologne dans les derniers événements, prouve incontestablement qu'ils ont joué dans ce malheureux pays le même rôle qu'une voie d'eau dont le siége dans un navire a été longtemps ignoré, et qui n'a été découverte qu'au moment où le bâtiment allait sombrer. Mais en pareil cas, on ne se borne pas à boucher cette voie à moitié ; plus que cela, on étudie tout le bâtiment pour n'y laisser aucune fissure par laquelle l'élément ennemi pourrait encore pénétrer, car il ne suffit pas de déplacer la source du mal, mais il faut la tarir, afin de sauver l'équipage et le navire, en les mettant à l'abri de la récidive du même malheur.

Cette comparaison m'est inspirée par un récit qui m'a été fait dans mon dernier voyage par une personne à même d'être positivement renseignée. Cette personne assurait que, depuis que le nombre des moines diminue dans l'occident de la Russie, les dominicains de Saint-Pétersbourg ont fondé dans cette ville un noviciat clandestin, et que les novices qui s'y préparent prononcent leurs vœux dans l'église paroissiale que ces dominicains desservent dans la capitale.

Je ne sais à quel point la nouvelle est authentique et à quel point cette manière de procéder de ces moines est conforme aux règlements monastiques, mais, dans tous les cas, je crois que cela mérite attention, parce qu'un pareil subterfuge, s'il existe, rendrait illusoire la mesure qu'on vient d'appliquer aux couvents du royaume.

Agréez, monsieur, etc.

Nice, 11 décembre 1864.

Monsieur le Directeur du *Nord*,

On lit, dans *le Nord* du 13 décembre, le résumé d'un article de la *Gazette de Moscou* sur les conséquences qu'entraînerait pour la Russie l'organisation autonome des nationalités qui l'habitent.

Loin de contester la justesse de l'opinion exprimée par l'estimable *Gazette*, je prendrai seulement la liberté d'observer qu'il y est question, entre autres, de provinces allemandes, tandis que la Russie n'en possède pas. Il y a dans l'Empire des provinces où la noblesse et la bourgeoisie sont allemandes, mais pas le peuple, qui n'a jamais fait partie de l'Allemagne et qui, dans ces provinces, comme partout, constitue l'immense majorité des habitants, dont la nationalité décide seule de celle d'un pays ou d'une province. Par conséquent, les provinces dont parle la *Gazette de Moscou* ne sont pas allemandes, tout comme les provinces où le peuple est russe et la noblesse polonaise, ne sont pas pour cela polonaises.

L'idée d'autonomie, dont il est question est évidemment impraticable, parce que, sans parler d'autres graves obstacles, il faudrait pour cela une réforme, qui entraînerait inévitablement avec elle l'établissement d'une complète égalité de droits entre les diverses nationalités qui habitent l'Empire, et comme il y a de ces nationalités qui refusent jusqu'à présent aux Russes les droits dont eux-mêmes jouissent en Russie sans restriction, il est évident que la moindre réforme leur enlèverait les droits qu'ils n'accordent pas aux Russes ; ce qui priverait la Russie d'un grand nombre d'utiles citoyens, qui, de leur côté, perdrait un immense champ d'action en Russie où ils exercent maintenant, avec fruit, leurs capacités administratives, commerciales, industrielles et autres. Supposer que sous le glorieux règne de l'empereur Alexandre, le plus national que la Russie ait eu le bonheur de posséder, on puisse, au moment d'une réforme, conserver des priviléges humiliants pour la nation russe, serait, je crois, trop naïf.

Agréez, etc.

Nice, 15 décembre 1864.

Monsieur le Directeur du *Nord*,

Les gouvernements qui subventionnent une Eglise et un culte ne peuvent avoir pour but que de venir en aide aux citoyens dans la satisfaction de leurs besoins spirituels, c'est-à-dire avoir en vue l'avantage des fidèles et non celui de cette Eglise, qui sans eux n'aurait pas de raison d'être. Aussi, dans les pays où il n'y a pas d'Eglise dominante, mais où il se trouve des Eglises de différentes confessions, il est juste que la subvention accordée aux cultes soit fidèlement partagée entre elles, en proportion du nombre des fidèles de chacune des confessions existant dans le pays, car tous les citoyens, sans distinction de religion, ont, en pareil cas, le même droit à la sollicitude du gouvernement ; ce n'est que dans les pays où la loi reconnaît une Eglise dominante, que cette Eglise a naturellement droit à plus d'égards et à plus de libéralités que les Eglises tolérées, autrement la loi même n'aurait pas de sens.

Dans ce dernier cas se trouve la Russie ; la loi fondamentale du pays y reconnaît une Eglise dominante et il s'y trouve d'autres Eglises de différentes confessions, que la loi ne reconnaît que pour tolérées. De toutes ces Eglises, il n'y a que l'Eglise dominante et l'Eglise latine qui aient droit de prétendre à une subvention, parce que ces deux Eglises seules ont été également privées de leurs biens ; aussi le gouvernement leur accorde-t-il

régulièrement une subvention annuelle,
qui, pour toutes deux, monte maintenant
à près de six millions de roubles (24 millions de francs). Si l'une de ces deux
Eglises n'était pas dominante et l'autre
simplement tolérée, il faudrait en toute
justice que cette subvention fût également
répartie entre elles, en proportion du
nombre des fidèles de chacune de ces
deux Eglises. Comme la dominante
compte près de 53 millions de fidèles et
l'Eglise latine un peu plus de 2 1/2 millions d'adhérents dans l'Empire, il faudrait, pour appliquer une répartition ri-
goureusement proportionnelle, que l'Eglise
latine reçût un peu moins de 300 mille
roubles par an; et même, comme elle
n'est que tolérée, il ne serait pas éton-

nant qu'elle fût moins bien partagée. De fait, il se trouve que la répartition de la subvention gouvernementale se fait tout autrement ; l'Eglise latine, bien que simplement tolérée, reçoit plus de 600 mille roubles, c'est-à-dire, plus du double de ce qu'elle devrait recevoir même dans le cas où la loi ne ferait pas de distinction entre ces deux Eglises : cette répartition est tellement frappante que celui qui ne connaît pas les lois russes pourrait facilement prendre l'Eglise latine pour la dominante, puisqu'elle est la plus favorisée.

Les chiffres susmentionnés, quoique approximatifs, s'éloignent si peu de la réalité que le résultat que j'en ai tiré ne saurait être contesté. Aussi ai-je tenu à vous en faire part pour rassurer ceux que pourraient alarmer des bruits qu'on cherche à répandre sur les soi-disant persécutions subies par l'Eglise catholique romaine en Russie. On ne fait pas de largesses, qui ressemblent si bien à de la partialité, en faveur de ceux qu'on persécute !

Agréez, etc.

Nice, 31 janvier 1865.

—

Monsieur le Directeur du *Nord* ,

Dans *le Nord* du 20 janvier, on lit l'extrait d'un article de la *Gazette de la Bourse* sur la question du catholicisme en Russie ; cette gazette conclut que la véritable solution des embarras causés au gouvernement russe par le culte catholique réside dans un meilleur règlement des rapports du Saint-Siége avec son clergé en général.

Il est évident que ces rapports ne tendent guère à prendre une direction plus conforme aux nécessités de tous les gouvernements et de la société moderne ; au contraire, l'Église romaine devient de jour en jour plus essentiellement papiste, en centralisant l'autorité et l'esprit de toute l'Église dans la personne du pape seul, témoin le nouveau dogme proclamé par la décision personnelle du pontife et sa dernière encyclique. Ce qui fait que ce n'est pas de l'amélioration des rapports du Saint-Siége avec son clergé qu'on peut attendre la fin des embarras dont parle la *Gazette*, mais de la modification des rapports du gouvernement avec le Saint-Siége. L'origine du mal en question n'est pas dans le clergé, mais à Rome.

Tous les gouvernements qui ont affaire au clergé romain éprouvent plus ou moins ces mêmes embarras, parce que ce clergé reconnaît deux autorités suprêmes : celle du gouvernement de son pays et celle de Rome. Si sa raison s'accorde quelquefois avec la première de ces autorités, son cœur, par intérêt de caste, est invariablement attaché à la seconde. Voilà pourquoi il n'hésite pas, dans des cas donnés, à agir contre les vues du gouvernement et même contre les intérêts de son pays, d'autant plus qu'il se sent toujours protégé par ce pouvoir étranger qui lui-même, en pareil cas, est prêt à entrer en lutte avec le pouvoir gouvernemental. Il est vrai que les papes n'ont plus depuis longtemps la puissance qu'ils avaient jadis, mais ils conservent les prétentions de leurs prédécesseurs, et les honneurs excessifs que les grandes puissances continuent à leur rendre induisent le clergé en erreur sur la valeur réelle des forces que possède de nos jours cette puissance.

Chaque gouvernement doit inévitablement personnifier en lui les principes de la nation qu'il gouverne, pour sauvegarder sa puissance à l'intérieur et à l'extérieur. Il doit être le drapeau de ces mêmes principes pour conserver l'indépendance et l'intégrité du pays. C'est pourquoi les gouvernements comme ceux de la France, de l'Espagne et d'autres pays catholiques romains sont peut-être obligés, par égard pour le principe religieux de leur pays, de rendre au pape les honneurs dus à une grande puissance. Le voulussent-ils, ces gouvernements ne pourraient arborer le drapeau du protestantisme, qui ne serait que celui de la grande minorité des citoyens de ces pays, et choquerait inévitablement le sentiment de la majorité, qui pourrait y voir une défection au principe national. Telle est la règle de conduite adoptée par la plupart des gouvernements. Aussi, la Russie ne pouvant faire exception, le clergé romain de ce pays a-t-il pu difficilement se rendre compte de la cause pour laquelle son gouvernement a rendu

au pape les mêmes honneurs que les
pays catholiques, et dans cette incertitude,
il a dû supposer que la puissance du pape
est tellement grande, qu'elle peut être redoutable pour la Russie. Comme aucun
État ne peut représenter deux principes
ni arborer deux drapeaux, le clergé a dû
naturellement se demander quel est celui
que son . gouvernement fait flotter à
Rome en s'y faisant représenter. Ce ne
pouvait être le drapeau russe, puisque la
nation n'a jamais reconnu l'autorité du
pape ; ce ne pouvait être le drapeau catholique, qui ne serait que le drapeau de
l'infime minorité, et que le gouvernement
de l'Empire ne saurait arborer. Par conséquent, le clergé catholique n'a dû y voir
que la preuve de la puissance redoutable

d'un principe dont l'essence est hostile au principe russe. Voilà ce qui a dû induire en erreur le clergé de l'Église latine en Russie, l'enhardir et causer les embarras dont parle la *Gazette.* Cela prouve, comme l'ont confirmé les derniers événements de Pologne, combien il est nuisible de flatter les illusions de *toutes* les minorités en général, parce qu'en nourrissant leurs espérances irréalisables, on ne fait que leur apprêter de pénibles déceptions ; il faut qu'elles sachent que leur avenir n'est que dans la complète fusion avec la majorité ou la complète séparation, *si elle est possible ;* c'est pourquoi, sur ce sujet, la franchise dans les paroles et les actes est non-seulement le droit, mais le devoir de la véritable force.

Dans ce même article, il s'est glissé une petite erreur que je prendrai la liberté d'observer ; on y a confondu l'Église arménienne-catholique avec l'Église romaine, tandis qu'elle est relativement à cette dernière dans la même condition que l'Église grecque-unie, c'est-à-dire qu'elle ne s'y rattache que par la reconnaissance de la suprématie du pape.

Agréez, etc.

—

Monsieur le Directeur du *Nord*,

On ne saurait méconnaître la justesse du point de vue sous lequel votre correspondance de Saint-Pétersbourg, qu'on lit dans *le Nord* du 6 février, envisage la dé-

monstration de la noblesse de Moscou.
Effectivement on ne peut contester à cette
démonstration que son opportunité et ne
lui reprocher que sa tendance aristocratique, qui n'est pas russe et qui ne se manifeste formellement que dans un discours
prononcé avant le vote de la pétition. Les
institutions d'un pays ne peuvent être
bonnes et solides qu'autant qu'elles sont
le résultat du développement historique
de ce pays, et sont en harmonie avec ses
traditions, ses croyances, ses convictions
et ses sentiments.

La constitution d'un Etat, fût-elle la
meilleure du monde, ne saurait servir de
modèle pour tout autre Etat, surtout pour la
Russie, qui, sous bien des rapports, diffère
des autres pays du continent, à ce point

que même l'idée, tant de fois exprimée :
*que le souverain est le premier gentil-
homme du royaume* — idée qui pouvait
être une vérité dans la bouche d'un roi
de France ou d'Angleterre, parce qu'elle
était en harmonie avec l'histoire de ces
nations, — ne saurait être, dans la bouche
d'un souverain de Russie, qu'une parole
gracieuse sans conséquence. En effet, si,
par impossible, ce souverain voulait se
ranger particulièrement dans une des
classes qui composent son pays, le reste
de ses sujets, c'est-à-dire l'immense majorité, ne consentirait pas à le céder, con-
vaincus qu'ils sont que le Tzar appartient à
toute la nation sans partage. Cette conviction, qu'on ne trouve pas chez tous les
peuples, a sa source dans les faits histo-

riques de la Russie, où aucune dynastie
n'est arrivée au trône soit par la conquête
soit par le choix ou la coopération de telle
ou telle classe, mais où toutes ces dynas-
ties furent élevées au pouvoir suprême
par l'acclamation de la nation entière. Ce
qui fait que le peuple russe ne voit dans
son souverain ni le descendant des con-
quérants de son pays, ni son maître, ni
le premier fonctionnaire de l'État, comme
dans d'autres pays, mais le considère
comme la plus pure émanation de la nation russe, dont le dévouement pour lui
est presque un culte et dont l'amour pour
sa personne va jusqu'à la jalousie. Voilà
pourquoi les Russes ont toujours difficilement supporté tout intermédiaire entre
eux et le souverain, et ne sauraient ad-

mettre la pensée de son infidélité au sentiment national dans lequel ils veulent toujours voir le Tzar se confondre avec la nation.

Après tout ce que le gouvernement actuel a déjà fait, après l'abolition du servage, après toutes les réformes que ce gouvernement a déjà opérées et qui prouvent son désir sincère de remplacer les derniers vestiges de l'arbitraire asiatique par la loi, et de substituer des institutions d'origine nationale aux formes bureaucratiques allemandes qui pèsent encore sur la Russie, après tous ces bienfaits, personne n'est en droit de douter de ses intentions ultérieures, parce que ce serait douter de sa sagesse. Les institutions provinciales sont évidemment appelées à

se développer jusqu'à la complète satisfaction des justes aspirations de la Russie,
vers un état de choses répondant à ses
besoins et aux exigences du siècle, et
servent de preuve incontestable des gé--
néreuses intentions du législateur, comme
de témoignages de la sagesse avec laquelle
il conduit le pays, sans commotion, vers
le noble but qu'il s'est proposé.

Voilà pourquoi la manifestation de la
noblesse de Moscou doit, à juste titre,
être regardée comme intempestive. Quant
aux tendances aristocratiques, inadmissi-
bles en Russie, elles ont pu naître d'un
malentendu provoqué par la conservation
des assemblées de la noblesse sans modification, après la création des assemblées
provinciales, dont cette classe nobiliaire

doit désormais faire partie à l'égal de toutes les autres. La noblesse, toujours prête à prévenir les désirs du gouvernement, a pu augurer de là que celui-ci avait le projet impossible de former de la noblesse un corps aristocratique comme intermédiaire entre le pouvoir souverain et le pays ; mais n'en trouvant pas l'origine dans l'histoire de Russie, on est allé en chercher l'exemple dans d'autres pays, perdant de vue, par entraînement que cette institution, qui peut être bonne dans les États, où elle a une origine historique et où elle a sa racine dans les convictions nationales, ne serait chez nous qu'une institution artificielle et parasite, parce que l'on n'en trouve ni la trace dans l'histoire ni le germe dans le sentiment de la nation. Cette tendance doit donc plutôt être expliquée par un excès de zèle que par un sentiment d'ambition, de la part d'une classe respectable mais modeste, qui a toujours fait preuve de patriotisme et de dévouement au trône et qui a rendu tant de services signalés au pays.

La Russie est si peu connue de l'Europe que la manifestation de la noblesse de Moscou pourrait bien être interprétée comme un désir audacieux d'empiéter sur le pouvoir suprême. Aussi pour prévenir tout jugement erroné, en tant que cela peut dépendre d'un individu isolé qui connaît bien son pays, je crois devoir, monsieur, vous communiquer l'idée que ce n'est pas de l'audace, mais bien de l'appréhension, qu'il faut voir dans cette démarche. Il est positif, en effet, que le sentiment national et très-surexcité maintenant en Russie, que l'expérience du passé a rendu la nation très-susceptible et très-ombrageuse sur ce sujet. La société russe a pu se croire menacée dans le sentiment de son unité nationale, et c'est sous l'influence, probablement, de cette appréhension que la noblesse a profité de la première occasion pour manifester son désir de voir toute la nation se grouper autour du trône, que les Russes ont toujours regardé comme le plus sûr refuge en cas de danger.

Voilà la plus simple et je suppose la plus juste signification de cette manifestation, qui, par conséquent, n'est pas un signe de méfiance, mais bien la preuve de la plus grande confiance de la nation russe dans son souverain.

Agréez, monsieur, etc.

Nice, 10 février 1865.

--

Monsieur le Directeur du *Nord*.

Dans *le Nord* du 23 février, on lit le résumé des judicieuses considérations de la *Gazette de Moscou*, sur la charte constitutionnelle de l'Autriche.

Quelques personnes veulent y voir un enseignement pour la Russie, et d'autres vont jusqu'à prétendre que la Russie doit profiter des errements de l'Autriche. Évidemment ce serait la même chose que de conseiller à quelqu'un d'user du balancier d'un danseur de corde, pour se promener dans son jardin, sans prendre en considération que ce même instrument, qui aide l'un à se soutenir en l'air, ne servirait qu'à faire trébucher l'autre. Certainement on ne peut assez admirer l'adresse du gouvernement autrichien, mais il faut reconnaître qu'il est tout aussi difficile de le soutenir sur sa base germanique qu'il serait difficile de renverser la Russie de sa base russe. Supposant même que ces deux empires aient la maladresse de perdre toutes les populations qui n'appartiennent pas aux nationalités dominantes dans ces deux pays, encore leur sort serait-il tout à fait différent; car, en ce cas, le peu d'éléments allemands qui resteraient à l'Autriche ne deviendraient qu'un très-petit membre du grand corps germanique, tandis que les 56 millions de Russes qui resteraient à la Russie deviendraient inévitablement le corps principal du monde slave, dont les membres sont maintenant épars.

Je crois que cela est évident, mais les fausses interprétations et les idées erronées font quelquefois si facilement leur chemin, que j'ai tenu à vous communiquer cette petite observation.

Agréez, etc.

Nice, 25 février 1865.

———

Monsieur le Directeur du *Nord*,

Dans *le Nord* du 25 septembre on lit la traduction d'un remarquable article de la *Gazette de Moscou* sur les troubles qui ont eu lieu à Tiflis. Cet article prouve d'une manière irréfragable les funestes conséquences du système qui consistait à faire revivre, au détriment de la nationalité russe, l'existence séparée de toutes les nationalités qui sont entrées dans les limites de l'Empire, et à créer une existence distincte même à celles de ces nationalités qui n'en ont jamais eu ou qui n'en ont pas conservé le souvenir. Maintenant il est évident que la conséquence d'un pareil système serait le morcellement de l'Empire, c'est-à-dire le suicide de la Russie. Si le gouvernement actuel, qui est appelé à cicatriser tant de plaies que le passé a léguées à ses soins, ne prêtait pas attention à cette malheureuse tendance, qu'on n'a que trop longtemps décorée du titre pompeux d'humanitaire, on aurait fini par voir un spectacle sans exemple, c'est-à-dire un grand État, que toute l'Europe coalisée n'a pu ni entamer ni ébranler, se mettant lui-même en lambeaux et se déchirant de ses propres mains.

Il est naturel que l'idée d'un pareil avenir ait fini par effrayer la Russie, qui, de toute part, a commencé à élever la voix contre cette tendance funeste, qui, comme on le voit, s'étant trouvée dangereuse, même sur la frontière asiatique de la Russie, pourrait le devenir mille fois plus sur sa frontière européenne, où les populations touchent à des nationalités étrangères fortement constituées, qui ont leur histoire, leur littérature, et où la civilisation est beaucoup plus répandue qu'en Russie ; de là la polémique qui s'était engagée entre quelques organes russes et allemands de l'Empire. Il s'est trouvé des personnes qui sont allées jusqu'à vouloir que même les Allemands, dont les ancêtres ont dominé dans les provinces baltiques, deviennent Russes, ce qui est évidemment impossible, car les Allemands, en s'établissant dans ce pays, n'ont pas rompu le lien moral qui les unissait à leur mère-patrie ; la preuve en est qu'ils ne se sont pas fondus jusqu'à présent avec les indigènes du pays qu'ils sont venus habiter. Il serait donc tout aussi injuste d'exiger d'eux qu'ils renoncent à leur origine historique, à leur croyance, à leurs

mœurs, à leur langue et à tous les avantages intellectuels que l'Allemagne leur
offre largement et que la Russie n'a pu
leur donner jusqu'à présent, que de souffrir qu'ils enlèvent à la Russie le pays
qu'ils sont venus habiter, en le germanisant. Leurs ancêtres ont jadis dominé
souverainement dans ces provinces, par
le droit du glaive ; mais, depuis qu'un autre glaive, au prix d'un autre sang, y a
établi une autre souveraineté, qui est celle
de toute la Russie, la leur n'a certainement plus de raison d'être, mais ils ne
peuvent pour cela être assimilés aux habitants de ces pays auxquels ils ne se
sont jamais assimilés. Il est donc juste de
respecter l'indépendance de la nationalité
allemande, autant qu'on respecte celle de

la nationalité russe elle-même ; mais il est
tout aussi juste et indispensable de prêter une attention particulière aux populations indigènes de ces provinces, populations qui ne sont ni allemandes ni russes,
qui n'ont ni histoire ni littérature, et qui,
par conséquent, sont condamnées à s'é-
teindre pour devenir russes ou allemandes. Ces populations déshéritées ont maintenant d'autant plus droit à cette sollicitude, que la loi accorde à présent à tout
le monde la faculté de tendre vers la civilisation, par conséquent vers l'instruction, et qu'elles ne peuvent atteindre cette
instruction sans le secours d'une autre
langue que la leur ; aussi, pour ne pas ex-
clure ces nombreuses populations d'un
bienfait qui est accordé à tous les sujets

de l'Empire sans exception, le ministère de l'instruction publique a-t-il l'obligation évidente de leur en donner la clef, en leur faisant enseigner dans les écoles primaires l'une des deux langues, russe ou allemande, avec le secours de laquelle elles puissent s'instruire. C'est le choix de l'une de ces deux langues auxiliaires qui décidera aussi de l'avenir politique de ces provinces, parce que si c'est le russe, les provinces deviendront russes, si c'est l'allemand elles tendront inévitablement vers l'Allemagne, qui, de son côté, marche à leur rencontre en se portant vers le Nord.

L'avenir de ce pays dépendra donc du choix qu'on fera maintenant. Si, par des considérations qu'il serait difficile d'expliquer, on ne veut pas que ces populations se russifient, il serait juste de les laisser se germaniser; cela ne serait pas politique, mais cela serait du moins humanitaire, car un grand et généreux gouvernement, comme celui que nous avons le bonheur de posséder, ne saurait condamner toute la population d'un pays à l'abrutissement perpétuel, au profit d'une petite minorité formée par une nationalité étrangère à ce pays.

L'un et l'autre de ces deux systèmes vaudrait encore mieux que celui qui a été suivi autrefois au Caucase, parce qu'en germanisant même les populations desdites provinces, on les fondrait avec la grande nation allemande qui a un grand avenir, tandis qu'en réveillant le sentiment national dans les Géorgiens, les Arméniens et les Tartares, l'ancien système les détachait de la nation russe, sans pouvoir leur donner un autre point d'appui équivalent.

Agréez, monsieur, etc.

Paris, 28 septembre.

—

Monsieur le rédacteur du *Nord*,

L'encyclique du pape est maintenant discutée, commentée et diversement appréciée par toute la presse européenne. Il se passera encore du temps avant que la vérité se dégage complétement sur le but, la valeur et les conséquences de ce grand acte. Mais, dès à présent, il est déjà un fait acquis et incontestable, c'est que le pape se met au-dessus de toute obligation terrestre, et que l'encyclique condamne la teneur ou l'esprit de chacun des concordats que le cabinet de Rome a passés, jusqu'à la date de l'encyclique, avec la plupart des gouvernements des autres États.

Il est donc évident que le pape, ne regardant plus ces concordats comme obligatoires pour lui, les gouvernements qui les regardaient comme avantageux pour eux ne doivent plus les considérer comme valides, et ceux des gouvernements qui, par hasard, les trouvaient gênants, ne sont plus tenus de les observer, puisque tous ces actes, après l'encyclique, ne sauraient avoir aucune valeur.

Sans me permettre pour ma part de juger l'encyclique même, j'ose constater cette conséquence logique et irréfutable de cet acte suprême du Saint-Siége, qui prétend ne relever que de Dieu.

Agréez, etc.

Nice, 31 décembre 1864.

—

Monsieur le rédacteur du *Nord*,

On est étonné de voir quelques journaux étrangers reprocher au général Kaufman de suivre, dans l'administration du pays qui est confié à sa gestion, la voie franche qu'a inaugurée son prédécesseur et de continuer, comme ce dernier, à y faire prédominer l'élément national.

Quel doit donc être, d'après ces journaux, le sentiment de tout homme d'État estimable, si ce n'est le désir fervent de justifier la confiance dont il est honoré, en méritant les sympathies, l'approbation et même la reconnaissance du pays qu'il sert ? — Et quels sont les hommes d'État en Russie qui, dans ce dernier temps, ont obtenu le plus de suffrages approbatifs et le plus de preuves de reconnaissance de la part de toutes les classes du pays, comme l'Europe le sait, si ce ne sont : le prince Gortchakof, le général Mouravief et finalement le général Berg ? — Quel autre enseignement pourrait donc guider les successeurs de pareils hommes, si ce n'est l'exemple de tels prédécesseurs ?

Des hommes d'État qui tiendraient plus à l'appréciation de la presse étrangère qu'à celle de leur pays ne sauraient mériter que la haine de ce dernier s'ils avaient assez d'audace pour manifester une pareille préférence, et ne mériteraient que le mépris s'ils avaient la faiblesse de balancer entre ces deux approbations.

C'est une conséquence qui s'applique à la Russie comme à tous les pays, ce qui fait que tout le tort du général Kaufman, malgré ce que les journaux étrangers en disent, n'est que celui d'avoir l'honneur de ne pouvoir être rangé ni au nombre de ceux qui affrontent la haine de leur pays, ni au nombre de ceux qui ne craignent pas de mériter son mépris.

Agréez, monsieur, etc.

12 octobre 1865.

Monsieur le Directeur du *Nord*,

Dans *le Nord* du 7 janvier on lit une correspondance de Saint-Pétersbourg qui revient sur la circulaire de M. Stcherbinine adressée aux censeurs dans les provinces baltiques, et qui répète, comme il est dit dans la circulaire, que l'administration locale de ces provinces a mis une main énergique aux *réformes*. Pour preuve de ce qu'elle avance, la correspondance ajoute : que le général-gouverneur de ces provinces a proposé de créer à Riga et à Reval des gymnases russes.

J'espère, monsieur, que votre honorable correspondant sera assez juste pour ne pas se formaliser si je prends la liberté d'observer que le projet n'est pas une « réforme, » mais une nouvelle création, qui ne ferait que doter ces provinces de deux foyers de lumière en sus de tous ceux que ces provinces possèdent déjà, tandis qu'il y a tant de provinces de l'intérieur de l'Empire qui en manquent. Ce projet ne porte évidemment pas la main sur les vieilles institutions locales, qui sont devenues incompatibles avec les réformes libérales introduites dans tout l'Empire, mais il porte la main sur le budget du ministère de l'instruction publique, qui n'est pas défrayé par ces provinces seules, mais par toute la Russie pour l'instruction de la Russie entière. Aussi annonce-t-on déjà que ce ministère est embarrassé de réaliser ce projet en présence des besoins urgents de plusieurs autres provinces de l'empire, auxquels il n'a pas les moyens de satisfaire.

Je ne m'arrêterai pas à ce qu'il y aurait de singulier à nommer *russes* deux gymnases qu'on établirait en Russie et aux frais de la Russie, comme s'ils ne devaient pas être tous du pays où ils sont, du pays pour lequel ils sont fondés et aux frais duquel ils sont entretenus. Il serait certainement plus logique qu'en Russie ce fussent les gymnases allemands qui portassent la dénomination d'*allemands*, comme faisant exception dans l'Empire qui est russe, si toutefois on trouve nécessaire de conserver cette distinction à des établissements d'instruc-

tion, pour léguer aux générations futures
l'esprit de division qui se manifeste déjà
entre les Allemands et les Russes. Une
réforme, mais pas une innovation, dans
les gymnases de ces provinces, est certainement indispensable, mais elle doit
être basée sur l'impartialité et la justice,
et peut s'opérer sans obérer le ministère
de l'instruction de nouvelles dépenses,
auxquelles il ne saurait suffire sans léser
les intérêts des autres provinces. Pour
cela il faudrait prendre en considération
que, dans la majeure partie des provinces
de l'Empire, pour plus d'un million d'habitants russes, il n'y a qu'un gymnase,
tandis que, dans les provinces baltiques,
pour 200 mille Allemands qui y sont établis la Russie entretient, si je ne me

trompe, six gymnases où l'enseignement se fait en allemand; la justice n'exigerait-elle pas qu'on ne maintînt en faveur de cette nationalité, si on le trouve nécessaire, qu'un seul gymnase et que les autres fussent réformés à l'instar de tous les gymnases de l'Empire, afin que les populations lettes et esthes, qui forment l'immense majorité de ce pays, pussent y venir puiser la science ensemble avec les Russes; pour ces populations, en effet, il est bien indifférent d'apprendre le russe ou l'allemand pour s'instruire.

Ces quelques mots prouvent que si on regardait chez nous les Allemands comme plus civilisés que les Russes, c'est parce que la Russie, à son insu, leur en fournissait les moyens et que dans l'état actuel, si on reproche aux Allemands de germaniser les Lettes et les Esthes, c'est que cette fois encore la Russie leur fournit les armes dont les gymnases allemands sont les principaux arsenaux.

Veuillez agréer, etc.

Nice, 11 janvier 1866.

—

Monsieur le Directeur du *Nord*,

Dans ces derniers temps, la presse européenne s'est beaucoup occupée de l'audience que **M.** de Meyendorff a eue chez le pape et des conséquences que cette audience pourrait avoir : il y a quelques journaux qui sont allés jusqu'à annoncer que les relations officielles de la Cour de Saint-

Pétersbourg avec la Cour de Rome sont déjà rompues et que M. de Meyendorff n'y reste qu'à titre officieux. Serait-ce même vrai qu'il n'y aurait là rien d'étonnant, et cette mesure prouverait seulement que le gouvernement russe, qui, sous le règne actuel, a déjà élucidé tant de questions et a réparé tant de fautes léguées par le passé, a bien voulu enfin envisager ses relations avec Rome aussi sous leur véritable point de vue, c'est-à-dire sous le point de vue des intérêts et des besoins du pays qu'il gouverne. En se plaçant sur ce terrain il devient évident qu'une ambassade russe à Rome n'a pu avoir sa raison d'être qu'à l'époque où le gouvernement russe s'est laissé ériger en protecteur de tous les gouvernements et de toutes les souverainetés, celle de la papauté y comprise. Mais, depuis que l'expérience a prouvé au gouvernement russe toute l'ingratitude et tout le danger de ce rôle, ainsi que tous les sacrifices que la Russie a été obligée de faire pour le soutenir; depuis que les événements et la propre conviction du gouvernement russe l'ont obligé de renoncer à cette prétention orgueilleuse et vaine ; depuis que le gouvernement actuel a préféré se vouer au développement et aux intérêts du pays, dès lors il était évident que l'ambassade russe à Rome devait être condamnée par la force des choses, vu que la Russie n'en a jamais retiré et ne pourrait jamais en retirer aucun avantage et son gouvernement n'y a toujours trouvé

qu'une source d'embarras, de prétentions,
de tracasseries et même d'hostilité. En
sorte qu'à Rome, en manifestant de la
malveillance pour la Russie, dans les
derniers événements, et en se laissant al-
ler à des intempérances de langage sans
exemple, langage tenu officiellement
même dans les plus hautes sphères, on a
par le fait démoli de ses propres mains
l'ambassade russe, et par là on n'a que
facilité au gouvernement russe la suppression d'une institution qui n'a jamais été
utile au pays et qui a fini par lui être nuisible.

Il faut reconnaître que le pape, comme
souverain temporel, possède un trop petit État pour avoir droit de prétendre à
l'ambassade d'une grande puissance, et,

comme chef spirituel de son Église, il ne peut évidemment avoir rien de commun ni avec la Russie ni avec son gouvernement ; quant aux catholiques romains qui se trouvent sous le sceptre de l'empereur Alexandre et qui ne composent que l'infime minorité de ses sujets, ils peuvent toujours, en cas de rupture diplomatique avec Rome, profiter de la tolérance qui existe dans leur pays et de la liberté dont on y jouit maintenant, pour s'adresser directement à Rome avec l'expression de leur désir personnel ou de leurs besoins particuliers, comme ils le font, dans d'autres cas, en s'adressant à Londres ou à Paris, sans recourir à l'intermédiaire des ambassades russes. En ce qui regarde proprement l'Église catholique romaine, il n'y a qu'un seul cas où la participation du pape est indispensable, c'est la préconisation des nouveaux évêques ; mais comme, à l'instar des pays catholiques, en Russie aucun ecclésiastique ne peut être élevé à l'épiscopat sans l'agrément préalable du gouvernement, il est évident qu'après cet agrément chaque évêque peut s'adresser directement au pape pour le prier de le préconiser, et le pape ne pourrait refuser, parce qu'en ce cas on ne dirait plus, comme un certain parti se plaît encore à le répéter, que c'est le Tsar qui persécute l'Église catholique, mais on dirait que c'est le Saint-Siége lui-même qui la ruinerait en lui refusant les évêques indispensables.

M'étant trouvé dans le cas d'acquérir

quelques connaissances sur le sujet en question, j'ai cru devoir vous adresser ces quelques lignes pour rassurer, d'un côté, ceux qui pourraient voir un malheur pour l'Église catholique dans la suppression d'une ambassade russe à Rome, et, de l'autre, pour calmer les appréhensions de ceux qui voudraient y prévoir des difficultés pour le gouvernement russe. Enfin, si la nouvelle en question est ou doit devenir une vérité, elle ne ferait que témoigner de la haute sagesse et du sentiment éminemment national du gouvernement russe, qui, sans léser les véritables besoins spirituels de ses sujets catholiques romains, satisferait aux vœux constants de la Russie de voir son gouvernement à l'abri d'une influence étrangère qui, par

son principe même, ne peut être qu'hostile au principe russe.

Agréez, etc.

Nice, 24 février 1866.

—

Monsieur le directeur du *Nord*,

La presse, qui s'occupe justement des
immenses résultats que la dernière guerre
d'Allemagne pourra avoir, cherche à
analyser les causes qui ont procuré une
si brillante victoire aux armes prussien-
nes et qui ont fait subir à l'Autriche une
si dure défaite. Voilà pourquoi, monsieur,
je tiens à vous faire part de ce que j'ai eu
l'occasion d'entendre à ce sujet lors de
mon dernier passage par Berlin.

16.

A mon arrivée dans cette ville, je suis descendu dans un hôtel, *Sous les Tilleuls*. Le long de ce boulevard, qui, comme vous le savez, traverse la plus belle partie de la ville, étaient exposés près de trois cents canons pris sur l'ennemi, que le public prussien contemplait avec un juste orgueil. Séduit par un brillant soleil et par un spectacle nouveau pour moi, je suis descendu sur le boulevard et, sans être spécialiste ni militaire, je suis allé comme les autres examiner ces engins de guerre. C'étaient presque tous des canons autrichiens, d'un ouvrage admirable, tous rayés et probablement du modèle le plus perfectionné, puisqu'ils étaient tous des années 1863, 1864 et même 1865 ; mais, malgré mon ignorance dans l'art militaire, ce qui m'a frappé, c'est que tous ces beaux canons, au sortir d'une guerre qui a décidé du sort de leur patrie, sont restés parfaitement intacts, au point que sur leur nombre, il n'y en avait qu'un qui portât la cicatrice d'un boulet ennemi, et qu'il n'y en avait pas beaucoup plus de dix qui fussent encloués. Quant au reste, ils avaient l'air de sortir de l'arsenal, en sorte qu'on était tenté de les croire plutôt livrés que pris. Ne pouvant moi-même définir la cause de cet état de choses, je me suis adressé à un militaire prussien qui passait devant moi et, lui ayant fait l'aveu de mon ignorance sur la matière, je le priai de vouloir bien m'expliquer ce phénomène incompréhensible pour moi. Il me répondit, avec beaucoup

de dignité et d'assurance, que cela venait
de ce que l'armée prussienne, avec son
roi en tête, soutenue par le sentiment de
la Prusse entière, marchait sous le même
drapeau national, attendu que les Prus-
siens ne reconnaissent pas dans leur pays
d'autres nationalités que la nationalité
prussienne.

« Ce qui n'est pas le cas pour l'Autriche, ajouta-t-il, où l'empereur lui-même
ne s'adresse jamais à son peuple, mais
toujours à ses peuples, qui ne vivent pas
sous la même loi et par conséquent n'ont
pas de patrie commune; malgré cela,
François-Joseph a voulu faire marcher
ces peuples sous son drapeau personnel,
ne prenant pas en considération que ce
qui se pouvait jadis ne se peut plus à

notre époque, où tout drapeau personnel doit s'incliner devant chaque drapeau national. Voilà ce qu'il a perdu de vue, et c'est en cela et non dans l'art militaire que l'Autriche est en retard sur nous. » Cette fière réponse du brave militaire m'a profondément impressionné, parcequ'elle portait en elle la solution d'une grande question, à savoir : si les gouvernements doivent chercher à fondre tous leurs sujets en une nation compacte, en les soumettant tous sans distinction aux mêmes lois, comme l'a toujours fait la France, ou s'ils doivent continuer à les diviser en maintenant leur distinction, comme l'a toujours fait l'Autriche? Les résultats de l'un et de l'autre de ces deux systèmes ne sont plus douteux maintenant.

Agréez, monsieur, etc.

Paris, 18 octobre 1866.

Monsieur le Directeur du *Nord*,

Après avoir lu les deux dernières allocutions du souverain-pontife, relatives à l'Italie et à la Russie, on est pris d'une profonde tristesse, parce qu'il est réellement triste de voir un souverain faire publiquement l'aveu de son impuissance, et un pontife chrétien manifester son courroux. Quand il parle de l'Italie, on dirait que la passion le transporte dans un monde qui n'est plus et l'aveugle sur la réalité des faits, puisqu'il déplore les malheurs de l'Italie au moment où tout ce pays est dans la plus grande joie, et qu'il signale son oppression au moment où l'Italie entre dans la plénitude de son indépendance et obtient sa liberté. Mais, quand il parle de la Russie, ce n'est plus dans le passé qu'il se transporte, mais il se perd dans les hautes régions de la fantaisie, puisqu'il juge en maître un pays qui ne lui a jamais reconnu aucune autorité, et y condamne tout : le gouvernement, pour ses rigueurs indispensables contre la révolution, la révolution qui a provoqué ces rigueurs, révolution que le pape a lui-même encouragée par son intempérance de langage et par sa présence à une manifestation polonaise à Rome. Il regrette que le clergé y ait pris part, et prend la défense de ce même clergé coupable. Il reproche au gouvernement russe l'éloignement des évêques infidèles, la sécularisation des couvents et la confiscation de leurs biens, comme si de pareilles mesures n'avaient pas été reconnues indispensables même par la majorité des États professant la religion romaine. Il parle de la convention qu'il a passée jadis avec le gouvernement russe comme si elle existait encore, oubliant que la cessation des relations diplomatiques met fin à toutes les conventions antérieures. Enfin, ce qu'il y a de plus frappant, c'est que le pape non-seulement condamne tous les actes et les décrets du gouvernement russe contre les soi-disant droits de son Église et du Saint-Siége, mais va jusqu'à les déclarer nuls et non avenus! Il le proclame sérieusement, sans prendre en considération que son Église n'a jamais été que tolérée en Russie et que le Saint-Siége n'y a jamais possédé aucun droit.

Pour tenir un pareil langage, il faut qu'on croie au Vatican que Rome est encore envisagée par la Russie comme une grande et formidable puissance. Si tel est le cas, on se trompe fort, parce qu'il est notoire que l'État romain n'y est plus envisagé que comme une province italienne, et la ville de Rome comme le cimetière de différentes grandeurs historiques qu ne sont plus, mais dont on retrouve encore les traces dans les divers monuments qui s'y sont conservés.

Encore une fois, c'est triste, car il est déplorable d'assister à ces efforts désespérés de l'homme qui, prétendant représenter Celui qui a dit : *Mon royaume n'est pas de ce monde*, se cramponne aux derniers vestiges du pouvoir qui lui échappe, et cela après tant d'exemples de la noble résignation avec laquelle bien des souverains, plus puissants que n'est maintenant celui de Rome, ont su descendre de leur trône avec calme et dignité, en emportant par là le respect et l'admiration de ceux même qui les ont détrônés.

Agréez, etc.

Paris, 10 novembre 1866.

Monsieur le Directeur du *Nord*,

Je viens de lire dans *le Nord* du 4 novembre une bien grande nouvelle, éditée par *l'Indépendance*; on projette, dit ce journal, la réunion des Églises d'Orient et d'Occident. Assurément, cet événement serait considérable et heureux; il comblerait de joie toute la chrétienté, parce qu'il ramènerait dans l'Église du Christ, la paix et l'amour fraternel qui n'auraient jamais dû la quitter. Mais, hélas! cette nouvelle est malheureusement peu probable, parce qu'il est douteux que l'Eglise romaine, qui tient encore si obstinément même à son petit pouvoir temporel, veuille déjà comprendre la réunion spirituelle des Eglises autrement qu'elle ne l'a toujours fait, c'est-à-dire dans la soumission de l'Eglise d'Orient à son autorité.

Cette antique prétention des pontifes

de Rome a été la principale cause de la séparation des deux Eglises, et il est évident que tant que cette prétention existera, la réunion sera impossible. On aurait tort de compter pour cela sur le bon vouloir et l'humilité du patriarche de Constantinople, comme le fait *l'Indépendance*, car ce patriarche, ainsi que les patriarches de l'Eglise d'Orient, n'est que le dépositaire fidèle et le gardien scrupuleux des dogmes de son Eglise : il n'en est pas le maître absolu, comme le pape l'est de la sienne. Les pontifes de Rome, en s'attribuant petit à petit des droits de plus en plus étendus dans leur Eglise, sont arrivés jusqu'à se faire reconnaître pour infaillibles et pour vicaires du Christ, et ont fini par s'arroger le droit

d'y créer même de nouveaux dogmes.
Cette omnipotence presque surnaturelle
du chef de l'Eglise romaine a dû inévitablement rejaillir sur son clergé, lui
inspirer l'idée qu'il est seul possesseur de
l'Eglise, et lui donner la conviction qu'il
est seul juge des questions spirituelles.
Dans cet état de choses, il est juste de reconnaître que le pape est le maître absolu
de son Eglise, qui se résume en lui
seul, tandis que le patriarche de Constantinople, malgré sa haute position spirituelle, qne personne ne saurait lui contester, n'est que le plus strict et le principal observateur des dogmes et des lois
qui régissent le culte, et tout en étant le
chef suprême de son clergé, il n'est pas
le maître de son Eglise ; celle-ci, en

Orient, ne se résume ni dans le patriar·
che, ni dans tout le clergé, mais dans la
totalité des fidèles.

Ce qui fait qu'en admettant même, par
impossible, que le patriarche de Constantinople voulût se prêter aux prétentions romaines, comme l'annonce *l'Indépendance*, ce ne serait qu'une défection
individuelle, et en ce cas, il n'y aurait
qu'un fidèle de moins dans cette antique
Eglise, mais non une fusion des deux
cultes. Si l'on prêtait plus d'attention à
cette différence essentielle de la base sur
laquelle reposent maintenant les deux
Eglises, on se convaincrait bientôt qu'en
désirant leur réunion, il faut tourner ses
regards vers l'Eglise romaine. dont le
chef suprême, comme les événements

l'ont prouvé, a droit de tout modifier pour atteindre ce but désirable, mais non vers l'Eglise d'Orient, dont les patriarches n'ont le devoir que de conserver et le droit que de défendre l'inviolabilité des dogmes et des lois établis par l'Eglise et reconnus par les fidèles, qui sont à même de juger et de raisonner les questions spirituelles. Cette Eglise, en effet, ne défend pas aux fidèles la lecture et l'étude des Ecritures saintes : elle recommande l'office divin dans toutes les langues intelligibles pour les fidèles, et n'exige pas d'eux une confiance aveugle ni dans les serviteurs de l'autel, ni même dans les chefs du culte, lesquels ne sont pas considérés comme infaillibles.

Agréez, monsieur, etc.

Paris, novembre 1868.

Monsieur le Directeur du *Nord*,

On trouve dans la correspondance de Saint-Pétersbourg, insérée dans *le Nord* du 3 décembre, un tableau comparatif, tiré des journaux russes, du traitement que touchent dans notre pays le clergé de l'Église dominante et celui de l'Église latine. On y découvre une anomalie flagrante qui, jusqu'à présent, n'a été bien connue que des initiés, dont une partie ne voulait et l'autre ne pouvait la relever. Ce tableau explique une des causes des prétentions incessantes et des continuelles plaintes du clergé latin contre les soi-disant persécutions du gouvernement russe, parce qu'il est notoire que toute préférence in-

juste et toute partialité font naître l'ingratitude des préférés et alimentent en eux
des prétentions à de nouveaux priviléges ;
il n'y a que la complète impartialité et la
parfaite justice qui fassent taire tous les
partis, en leur commandant un égal respect pour la justice.

Par le temps qui court, une pareille
publication est significative et consolante,
parce que sous le règne actuel, qui pour
notre pays doit être appelé le règne de la
réparation et de la justice, une pareille
anomalie ne saurait durer une fois qu'elle
a été signalée au public ; je rappellerai,
à titre de preuve, qu'il y a quelques années on a mis publiquement au jour les
abus qu'entraînait après soi le servage,
et bientôt après le servage a cessé d'exis-

ter; puis on a signalé au public les conséquences désastreuses de la ferme des
eaux-de-vie, et bientôt après cette ferme
fut abolie; enfin, il a suffi qu'on relevât
publiquement les défectuosités de la justice pour que la justice fût réformée. Après
ces grands exemples, qui oserait supposer qu'une injustice aussi frappante que
celle que prouvent les chiffres authentiques
dudit tableau puisse durer une fois que le
pays a été mis au fait de cette injustice?
D'autant plus, qu'indépendamment des
prétentions qu'elle a toujours alimentées
dans le sein du clergé latin, elle ne manquera pas de frapper maintenant au cœur
non-seulement tout le clergé orthodoxe,
si injustement lésé, mais toute la nation
russe, qui se sentira inévitablement hu-

miliée par la préférence accordée à un clergé qui se regarde comme étranger et reste constamment hostile à la Russie et à son gouvernement.

Si l'on prend en considération que le gouvernement, en subventionnant le clergé de telle ou telle Église, ne vient pas en aide à l'Église, mais aux citoyens, qui en sont les fidèles et sans lesquels elle n'aurait pas de raison d'être, et si l'on ne perd pas de vue que, pour opérer de pareilles subventions, le gouvernement puise à la source que met à sa disposition tout le pays, dont les habitants payent pour cela les redevances et les contributions sans distinction de confession ; si on prend tout cela en considération, on sera obligé de reconnaître qu'ils ont tous le même droit à la sollicitude du gouvernement.

Il n'y a pas de doute qu'on n'y prête attention et qu'on ne remédie au mal ; mais ce qu'il y aurait de plus simple et de plus juste, ce serait de réunir toutes les sommes assignées pour la subvention des divers cultes et d'en partager le montant en proportion du nombre des fidèles de chacune de ces confessions ; ce n'est qu'alors que personne ne pourrait crier ni à la partialité ni à l'injustice ; mais jusque-là, ce ne seront pas les fidèles de l'Église tolérée qui seront imposés en faveur de l'Église dominante, comme en Angleterre ; ce seront les fidèles de l'Église dominante qui seront indirectement imposés en faveur d'une Église tolérée, chose qui n'a eu d'exemple dans aucun pays, et jusque-là le titre même d'Église dominante, accordé par les lois russes à l'Église orthodoxe, ne sera qu'une amère dérision.

Agréez, etc.

Nice, 6 décembre 1866.

—

Monsieur le Directeur du *Nord*,

Dans le n° 345 du journal *le Monde*, on lit un article du *Débat* de Vienne du 10, qui, en parlant de l'oukase impérial qui abroge les traités passés en 1847 entre les cours de Russie et de Rome, s'écrie que c'est un procédé sans exemple, parce qu'il n'y a qu'un accord réciproque ou la guerre qui puisse abroger les traités.

Une fois que les relations entre les cabinets de Saint-Pétersbourg et de Rome
sont rompues, il est évident qu'il ne peut
plus y avoir d'accord. Quant à la guerre,
quelle autre guerre est-ce que le pape
pourrait faire à la Russie, que celle qu'il
lui fait depuis si longtemps? — Est-ce
qu'on voudrait par hasard que le gouvernement russe attende, pour agir en conséquence, jusqu'à ce que le pape vienne
à la tête de ses dragons, sur les traces de
Napoléon Ier, attaquer Moscou en personne!
Cette attente pourrait être trop longue.
Quant aux foudres du Vatican, jadis si
meurtrières, elles n'ont jamais pu atteindre ni la Russie ni son gouvernement,
parce qu'ils ne leur ont jamais reconnu
aucune valeur et aucune importance,

n'ayant jamais reconnu aucune autorité à celui qui les lançait, et maintenant, comme on le sait, elles n'atteignent plus personne, mais s'éteignent paisiblement aux portes du Vatican. Les fins éclaireurs mêmes de la troupe pontificale, les jésuites, n'ont pas d'accès légal en Russie; quelle guerre peut donc lui faire le pape? Il ne lui reste que celle de la parole, dont il ne s'est pas fait faute d'user et d'abuser contre la Russie, contre son gouvernement et même contre son souverain. Aussi, ce n'est pas de l'oukase en question qu'il faut s'étonner, mais de la généreuse longanimité dont le gouvernement russe a fait preuve dans cette circonstance.

Du reste, qu'on se rassure, ledit oukase

n'est pas aussi effrayant qu'on veut le faire croire, car il n'abroge que des conventions qui n'ont jamais existé avant 1847, ce qui n'a pas gêné les églises latines qui existent depuis bien longtemps en Russie. Grâce à la tolérance qui a toujours distingué le gouvernement et la nation russes, ces églises pourront continuer à exister comme jadis, c'est-à-dire en tant que leurs actes ne seront contraires ni aux lois de l'Etat, ni au bien public. Je crois même qu'il y a un grand pays, bien connu du *Débat* de Vienne, dont le gouvernement ne serait pas fâché que le pape lui fournît l'occasion, comme il vient de l'offrir à la Russie, d'abroger aussi son concordat, depuis qu'il en a fait la dure expérience.

Nice, 20 décembre 1866.

Monsieur le Directeur du *Nord*,

A propos du mémorandum du prince Gortchakof, *l'Union* du 31 janvier publie une lettre de Saint-Pétersbourg de laquelle il résulte, selon l'opinion de son auteur, qu'il ne s'agit pas de savoir à qui il faut imputer la rupture des relations diplomatiques du cabinet de Saint-Pétersbourg avec celui de Rome, mais qu'il est notoire que l'abrogation du concordat a mis les catholiques du pays dans une position intolérable, au point qu'il ne reste plus au gouvernement russe qu'un parti à prendre, c'est d'ouvrir de nouvelles négociations avec Rome pour élaborer un nouveau concordat ; à son avis, il faudra

bien en passer par là, ce qu'il ne regarde
pas comme impossible depuis que le parti
que personnifiait le prince Tcherkasky a
été écarté des affaires. Mais ce qu'il y a
de plus inconcevable, c'est que, pour la
réalisation d'une idée aussi originale, il
compte sur MM. Valouïef, Nabokof, le
maréchal comte Berg et le prince Gortchakof, qu'il nomme en toutes lettres.

Evidemment ce n'est qu'une plaisante-
rie du correspondant de *l'Union* qui ne
peut pas être prise au sérieux ; le prince
Tcherkasky n'a jamais été que le fidèle
exécuteur des vues de l'Empereur, entiè-
rement conformes elles-mêmes aux vœux
de la nation, qui en aucun pays ne peut
être appelée un parti et dont les sentiments ne sauraient varier. Quant aux

hommes d'État sur lesquels ce correspondant fonde ses espérances, ils seront mé-
diocrement flattés de la confiance d'un
journal antirusse, et lui préféreront certainement les sympathies et l'estime de
leur pays. Ces hommes éminents sont trop
instruits pour ne pas connaître l'histoire
de leur pays ; par conséquent, ils ne sauraient ignorer, ce que tout le monde sait,
qu'il y a eu en Russie des catholiques-
romains et des églises de ce rite bien
avant le concordat et même avant qu'il y
eût une ambassade russe à Rome, ce qui
ne les a pas empêchés d'exister tranquil-
lement dans le pays et d'y trouver satisfaction à tous leurs besoins spirituels.

Pourquoi donc voudrait-on que le gouvernement russe retombât de nouveau

dans les fautes que l'expérience a condamnées et dont il est heureusement
sorti, quoique par une voie sanglante?
C'est le cas ou jamais de se rappeler que
le mieux est souvent l'ennemi du bien.

Agréez, Monsieur, l'expression, etc.

Nice, le 4 février 1867.

—

Monsieur le Directeur du *Nord*,

Depuis quelques jours se produit dans
la presse l'idée d'un congrès des puissances européennes pour décider la question romaine. Cette idée paraît peu réa-
lisable, car ladite question est trop petite pour occuper un Congrès européen ou
trop grande pour être décidée par lui.

En effet, la question romaine se résume dans la fusion d'un tout petit pouvoir monarchique avec un immense pouvoir spirituel, ce qui fait qu'elle doit être inévitablement envisagée sous ces deux faces : Comme pouvoir monarchique, elle n'a pas assez d'importance pour occuper tous les Etats de l'Europe, puisqu'on a vu dernièrement se modifier bien d'autres monarchies beaucoup plus grandes que celle de Rome, sans participation de l'Europe ; on l'a vu à Naples, dans les grands-duchés de Toscane, de Modène, de Parme, et l'année passée dans le Hanovre, le grand-duché de Nassau, etc., et toutes ces modifications se sont accomplies sans congrès parce qu'elles furent justement regardées comme des questions locales,

les unes comme purement italiennes et les autres comme purement allemandes.

Si l'on envisage au contraire la question romaine sous son point de vue spirituel, alors il n'y aurait que les États catholiques de l'Europe qui pussent avoir le droit de la discuter, et principalement la France et l'Espagne, qui, dans les circonstances actuelles, ont manifesté particulièrement leurs sympathies pour le pouvoir du pape, tandis qu'en Autriche et même en Bavière on proteste contre les concordats qui furent conclus avec le Pape et que l'Italie lui conteste le droit au pouvoir temporel. Mais si par hasard on voulait que tous les gouvernements qui ont dans leurs États quelques sujets catholiques prissent également part à la solu-

tion de la question romaine, en pareil cas
un Congrès des puissances européennes
n'y suffirait pas, et il faudrait logique_
ment y admettre aussi non-seulement la
Turquie, qui est aussi une puissance européenne, mais également l'Amérique,
voire même la Chine, et tous les États du
monde qui ont des sujets catholiques ; par
conséquent, ce ne serait plus un Congrès
européen, mais universel, qui devrait ré-
soudre la question romaine dans son ensemble. Enfin, revenant au fond de la
question romaine qui consiste dans la fusion du pouvoir spirituel et du pouvoir
temporel, fusion qui est la cause unique
des troubles qui occupent maintenant l'attention de l'Europe, il est évident que ce
ne sont que les catholiques seuls qui ont

droit de prononcer s'ils regardent comme indispensable pour leur salut que le chef de leur Église soit absolument investi du pouvoir temporel ou s'ils préfèrent que le pape se conforme au principe qu'à proclamé le Christ en disant : Mon royaume n'est pas de ce monde.

Agréez l'expression, etc.

29 octobre 1867.

—

Monsieur le directeur du *Nord*,

Dans la dernière encyclique qu'on lit dans *la Gazette de France* du 31 octobre, le pape commence par engager tous ses frères à lever les yeux pour voir les abominations détestables qui, selon lui, désolent l'Italie.

On conçoit que cet appel a pu être
inspiré au souverain-pontife par les événements qui se passent dans ses États et
qui ont pu, par leur gravité, le surexciter ;
mais on ne comprend pas que, dans un
moment si décisif pour son propre pouvoir, il ait pu se rappeler un pays aussi
éloigné que la Russie, et cela pour faire
de nouveau les plus amers reproches au
gouvernement de ce pays, traitant de dé-
testable et de condamnable le décret de
l'empereur Alexandre qui élargit les attributions du collége ecclésiastique romain à Saint-Pétersbourg, collége qui
cependant existe et fonctionne en Russie
depuis plus d'un demi-siècle. Le pape
est indigné que le président de ce collége, qui est toujours le premier digni-

taire de l'Église romaine de l'Empire, soit
chargé d'examiner les demandes que le
clergé et les fidèles adressent à Rome, et
de faire parvenir au Saint-Siége toutes
celles dont la teneur excède le pouvoir
des évêques. Mais le pape serait-il plus
content si ce n'était pas l'archevêque,
mais un fonctionnaire public qui fût
chargé de cet examen? Pie IX se plaint
également que tout ce qui émane du
Saint-Siége soit préalablement examiné
au ministère, qui s'assure qu'il ne s'y
trouve rien de contraire aux lois de l'État
et aux droits du souverain; cependant il
n'y a là rien de nouveau, mais une ancienne loi, qui est en vigueur dans presque tous les États même catholiques, et
qu'il aurait fallu promulguer en Russie

si elle n'existait déjà, pour garantir la Russie de l'hostilité que le pape manifeste contre ce pays. Aussi le gouvernement russe ne peut que se féliciter encore une fois d'avoir rompu toutes relations avec un gouvernement aussi malveillant pour la Russie. Il peut d'ailleurs facilement se consoler d'être privé de la bienveillance de ce pontife, qui n'a pas l'air d'être mieux disposé pour tous les autres États, puisqu'il dit, dans cette même encyclique, que l'*Église, dans presque tous les pays, et surtout en Russie, se trouve en butte à tant d'embûches et est affligée de tant d'épreuves douloureuses.*

Il est regrettable seulement que Sa Sainteté n'ait pas spécifié les pays qui méritent sa satisfaction, afin que les autres puissent juger à quel prix elle leur est accordée et s'ils trouveraient leur avantage à leur ressembler.

Comme Russe, je ne puis laisser passer sous silence cette nouvelle agression du pape, directe contre mon gouvernement et indirecte même contre mon souverain. Je suis persuadé, monsieur, que vous apprécierez le sentiment qui a dicté cette lettre et que vous ne lui refuserez pas une place dans les colonnes de votre estimable journal.

Agréez, etc.

Paris, 4 novembre.

Monsieur le Directeur du *Nord,*

Huit siècles se sont écoulés depuis que la grande Église catholique s'est scindée en deux Églises, celles d'Occident et d'Orient.

La première a constamment prospéré, grandi, au point de réunir dans sa première chaire, à Rome, l'autorité spirituelle et l'autorité souveraine. La seconde, au contraire, n'a fait que souffrir et dépérir, au point que la première chaire de cette Église, à Constantinople, a fini par tomber, quant au temporel, sous la domination musulmane ; mais, malgré ses malheurs, elle a conservé intact son droit spirituel, auquel elle est toujours restée fidèle.

18.

Maintenant que le pouvoir temporel, que l'Église d'Occident s'est acquis, est menacé, c'est la France comme principale nation de cette Église, qui se croit en droit et en devoir de soutenir ce pouvoir et fait pour cela appel à la coopération de toutes les puissances de l'Europe. La Russie, si elle prenait part à une conférence, ne saurait oublier qu'elle aussi, comme principale puissance de l'Église d'Orient, a également son droit et ses devoirs à l'égard de cette Église, à laquelle elle appartient ; c'est pourquoi elle est obligée de prendre, dans cette circonstance, pour guide et pour but la complète égalité de droits, d'avantages et d'indépendance des deux Églises, afin de ne pas s'exposer à reconnaître, fût-ce tacitement, la supériorité de l'Église d'Occident sur celle d'Orient, et cela au risque d'être accusée de manquer à son titre et à sa mission envers son Église.

En un mot, si la Russie n'a pu protester, en son temps, ni contre l'omnipotence et les prétentions exclusives de l'Église d'Occident, ni contre l'humiliation et les souffrances intolérables de l'Église d'Orient, cela ne lui donne pas le droit de reconnaître cet état de choses anormal comme légal, et de sanctionner, au détriment de sa propre dignité, une injustice criante qui s'est établie sans sa participation.

Quant aux gouvernements des pays protestants, il est difficile d'admettre la supposition qu'ils puissent s'engager à garantir, en quoi que ce soit, le pouvoir temporel du pape, contre l'autorité duquel ont nommément protesté les fondateurs de leurs églises particulières.

Agréez, etc.

Paris, 16 novembre 1867.

—

Monsieur le directeur du *Nord*,

On lit dans *le Nord* du 8 décembre des réflexions très-judicieuses que *la Voix* (journal russe) a faites sur un article de la *Patrie*, qui, en parlant de *la* conférence sur la question romaine, prétend que la France offre par là à l'Angleterre, à la Russie et à la Prusse « l'occasion de consolider le principe de l'ordre

en proclamant la déchéance de la révolution. »

Pour la Russie, bien au contraire,
cette conférence ne pourrait être qu'une
occasion de trouble pour la bonne entente
qui a toujours régné entre la nation et le
gouvernement de ce pays ; la nation
russe, en effet, se sentirait inévitablement froissée dans ses convictions reli-
gieuses, si son gouvernement reconnais-
sait, en accordant sa protection, les prétentions spirituelles du pape, qui sont ex-
cessives, et tout le pays se sentirait humilié, si son gouvernement contribuait à
consolider et à garantir le pouvoir temporel du petit souverain de Rome, qui n'a
cessé d'outrager la Russie et même son
souverain ; or, tel est le but de la confé-

rence proposée, comme vient de le déclarer en séance publique M. Rouher, en lançant du haut de la tribune sont fameux *jamais*.

Si ce mot devait devenir une vérité, ce serait le retour de l'époque néfaste des guerres de religion, que la civilisation croyait avoir enterrées ; mais pour que ce *jamais* puisse devenir une vérité, il faudrait que l'Europe reconnût à la France le droit de sortir de ses frontières, les armes à la main, toutes les fois qu'elle croira son Église menacée à l'étranger ; ce que l'Europe se gardera probablement de faire, parce qu'en reconnaissant ce droit à la France, elle ne pourrait pas le refuser aux autres nations, à quelque religion qu'elles appartiennent, dans le cas où elles voudraient aussi courir, les armes à la main, protéger leur Église et leurs coréligionnaires dans d'autres pays; surtout si elles les voyaient opprimés par une force étrangère à leur Église, ce qui n'est pas le cas à Rome, où la France catholique croit devoir protéger son Église même contre l'Italie, également catholique.

Il est regrettable que M. Rouher, en proclamant le droit de la France à protéger son Église à l'étranger, n'ait pas reconnu, au nom de la France, le même droit à tous les pays de tous les cultes, car cette reconnaissance seule aurait pu justifier sa prétention.

Agréez, etc.

Paris, 18 décembre 1867.

Monsieur le Directeur du *Nord*,

Dans *le Nord* du 9 octobre, on lit une correspondance de Saint-Pétersbourg qui, en parlant de l'absence que les principaux organes du gouvernement russe, ont fait cet été de la capitale, en tire une conclusion très-judicieuse en faveur des institutions et des réformes dont la Russie a été dotée par l'empereur Alexandre.

Pour compléter l'énumération des absences en question, il faut y ajouter celles du général gouverneur de Moscou et du gouverneur de Saint-Pétersbourg, c'est-à-dire des deux chefs administratifs des deux capitales, ce qui corrobore encore la remarquable conclusion de votre correspondant, parce qu'il est notoire que c'est dans les centres les plus populeux que le besoin de l'activité et de la surveillance administratives peut se faire le plus sentir, pour le maintien de l'ordre et de la sûreté publics. Ce qui fait qu'après l'expérience qu'ont subie cet été les nouvelles institutions, il ne reste qu'à désirer qu'elles atteignent, sans entrave et sans modification, leur complet développement et puissent être au plus tôt étendues à tout l'Empire sans exception, pour le bien général de tout le pays.

Ladite correspondance prouve en même temps que jusqu'à présent la Russie n'a pu que souffrir de la pléthore administrative par laquelle on a été jadis obligé de compenser le défaut d'institutions suffisantes pour régulariser le libre exercice de la vie de la nation elle-même et pour assurer le droit de chacun, au moyen d'une justice active garantie par la publicité. Car il est incontestable que l'abus de l'action administrative touche de bien près à l'arbitraire dont les conséquences ne peuvent être que funestes, comme on le voit aussi dans d'autres pays. En un mot, l'ingérence administrative peut être comparée à ces médicaments toxiques dont les bons médecins ne se servent que rarement, avec prudence et à petites doses, et dont les empiriques, par intérêt personnel, n'hésitent pas à abuser en les introduisant même dans des corps sains, pour les garantir de maladies imaginaires. Et, grâce à Dieu, la santé morale de la nation russe ne peut être mise en doute, comme l'histoire et les événements contemporains l'ont suffisamment prouvé.

Agréez l'expression, etc.

11 octobre 1867.

—

Monsieur le Directeur du *Nord*,

Dernièrement votre correspondant de Saint-Pétersbourg vous faisait part de l'immense impression qu'a produite en Russie le remarquable ouvrage que M. Samarine vient de publier à Prague. Effectivement, comme j'en ai été témoin, toute la presse et toute la société russes ont unanimement applaudi à ce livre, dont l'apparition a eu l'effet d'une lumière électrique subitement jetée au fond d'un précipice au bord duquel on se reposait avec confiance, parce qu'on ne le voyait pas ; maintenant qu'il est connu de tous, il n'y a pas de doute que le gouvernement et la société ne s'empressent de le combler. J'étais dernièrement en Allemagne lorsque, par hasard, m'est tombée sous la main une toute petite brochure anonyme publiée à Baden-Baden, sous le titre de : *Lettre à M. Samarine, au sujet de son ouvrage.* Cette brochure n'est qu'une étincelle de dépit destinée à s'éteindre dans le vide, comme toutes les étincelles sans bruit et sans fumée, ce que l'auteur a probablement prévu, puisqu'il a caché son nom ; aussi, je ne fais mention de cette brochure que pour y signaler une nouvelle calomnie dirigée contre les Russes. A la fin de la brochure on lit : « Il y a un parti en Russie qui regarde l'Empereur comme le premier *valet* de l'Empire, qui accepte ses services en attendant que les circonstances permettent à la Russie de se pourvoir *ailleurs*. »

La première imputation donne lieu de supposer que celui qui l'a énoncée ne sait pas faire la différence qui existe pour les Russes, entre le serviteur et le valet. Les Russes, plus qu'aucune autre nation, vénèrent leur souverain, et c'est en voulant l'honorer qu'ils le regardent comme le premier serviteur de la patrie, dignité

tellement élevée dans le sentiment de
ceux qui ont le cœur bien placé, qu'elle
ne saurait appartenir qu'au souverain
lui-même, tandis que le rôle de valet, ne
fût-il que la doublure du serviteur, avilit
toujours celui qui le recherche sans y être
obligé par la faim. Si par hasard cette
imputation a été émise avec intention, le
but en est tellement évident, qu'il ne fait
pas honneur à celui qui l'a imaginée.
Oser accoler le titre de valet à celui de
l'Empereur de Russie est déjà un blas-
phème aux yeux des Russes, qui s'indi-
gneraient à la seule présence de valets
près de leur souverain, car ils ne voudraient le voir entouré que de fidèles serviteurs de la patrie, toujours dignes, hon-

nêtes et toujours également dévoués à la Russie et à l'Empereur, qui en est le souverain et le représentant.

Quant à la seconde idée, elle dénote même l'ignorance de l'histoire de la Russie, qui a déjà fait ses preuves dans ce sens; à l'époque où, au milieu des circonstances les plus désastreuses, elle a vu s'éteindre le dernier rejeton de la dynastie régnante, alors déjà les Russes, restant fidèles à leur nationalité et au principe monarchique, ne sont pas allés se pourvoir *ailleurs*, mais ont trouvé le germe de ce principe dans leur propre sein, en la personne d'un Russe pur sang, Michel Romanof, dont les descendants règnent jusqu'à présent dans l'Empire de Russie.

J'espère, monsieur, que vous apprécierez suffisamment le sentiment qui a
dicté cette lettre pour lui donner place
dans les colonnes de votre journal.

6 novembre 1868.

V. SCRIPITZINN.

Typ. de Rouge frères, Dunon et Fresné, rue du Four, 43.

www.ingramcontent.com/pod-product-compliance
Lightning Source LLC
LaVergne TN
LVHW050311060726
842525LV00002B/496